Ursula Lassert

Texte lesen und verstehen – aber wie?

9783403068563

Den Umgang mit Erzähl- und Sachtexten trainieren
3./4. Klasse

4. Auflage 2022

Autor*innen: Ursula Lassert
Illustrationen: Ursula Lassert
Satz: Fotosatz H. Buck, Kumhausen
Druck und Bindung: Esser printSolutions GmbH
ISBN 978-3-403-**06856**-3

www.auer-verlag.de

Inhaltsverzeichnis

Zum Aufbau 5

Übungsblätter

Erzählende Texte
Erlebniserzählung 6
Sage 8
Fabel 10
Gedicht 12
Ballade 14

Informierende Texte
Sachtext – Pflanzen 16
Sachtext – Tiere 18
Buchklappentext 20
Zeitungsbericht 22
Einladung 24
Lexikontext 26
Buchzusammenfassung 28
Beobachtung 30
Brief 32

Beschreibungen, Pläne, Werbetexte
Vorgangsbeschreibung – Bedienungsanleitung 34
Wohnungsanzeige 36
Wegbeschreibung 38
Gegenstandsbeschreibung 40
Vorgangsbeschreibung – Rezept 42
Tierbeschreibung 44
Plakat/Flyer 46
Fahrplan 48

Zusatzübungsblätter

Erzählende Texte
Sage 50
Fabel 51
Gedicht 52

Informierende Texte
Sachtext 53
Bericht 54
Einladung 55
Buchzusammenfassung 56
Beobachtung 57
Brief 58

Beschreibungen, Pläne, Werbetexte
Tierbeschreibung ... 59

Karteikarten

1 Allgemeines Vorgehen bei Texten ... 60
2 Texte vortragen ... 60
3 Schnelligkeit und Beweglichkeit der Augen trainieren ... 61
4 Sach- und Erzähltexte ... 61
5 Balladen, Fabeln und Gedichte ... 62
6 Fahrpläne von Bussen, Bahnen und Zügen ... 62
7 Beschreibungen ... 63
8 Beobachtungen, Planungen und Vorgangsbeschreibungen ... 63
9 Berichte, Briefe und Einladungen ... 64
10 Plakate und Werbetexte ... 64

Lösungen ... 65

Zum Aufbau

In diesem Band geht es darum, dass Kinder lernen,

- wie man einen Text schnell verstehen kann,
- wie man schnell und einfach einem Text das Wichtigste entnehmen kann,
- wie man sich das Wichtigste merken kann,
- wie man das Wichtigste so kurz wie möglich mit eigenen Worten zusammenfassen kann.

Dies wird erreicht anhand von Übungsblättern und Karteikarten.

Es werden verschiedene Textsorten behandelt – diese sind in drei große Gruppen unterteilt:

1) Erzählende Texte (Erlebniserzählung, Sage, Fabel, Gedicht, Ballade)
2) Informierende Texte (Sachtext, Buchklappentext, Zeitungsbericht, Einladung, Lexikontext, Buchzusammenfassung, Beobachtung, Brief)
3) Beschreibungen, Pläne, Werbetexte (Vorgangsbeschreibung – Bedienungsanleitung, Wohnungsanzeige, Wegbeschreibung, Gegenstandsbeschreibung, Vorgangsbeschreibung – Rezept, Tierbeschreibung, Plakat/Flyer, Fahrplan)

Zu jeder Textsorte gibt es ein doppelseitiges Arbeitsblatt. Die Erarbeitung der Texte auf den Übungsblättern erfolgt immer nach dem gleichen Prinzip:

1) Überfliegen des Textes, dabei Thema oder Textart und evtl. schon Schlüsselwörter erkennen. Manchmal beinhaltet dieser Arbeitsgang auch eine zusätzliche Aufgabe, z. B. das Finden bestimmter (falscher, unsinniger, fehlerhafter) Wörter oder Satzteile.
2) Lesen mit dem Stift (markieren, unterstreichen, Notizen machen, Abschnitte bilden ...).
3) Den Inhalt erarbeiten durch Fragen zum Text, wobei hier verschiedene Methoden angeboten werden (multiple choice, ankreuzen, durchstreichen, ja – nein, falsch – richtig ...).
4) Zum Schluss folgt die schriftliche Zusammenfassung, wobei es dafür manchmal mehrere Möglichkeiten geben könnte – hier wird sich aber auf eine bestimmte beschränkt.

Mithilfe des umfangreichen Lösungsteiles am Ende des Bandes können die Schülerinnen und Schüler ihre Lösungen selbst überprüfen. Dieser kann evtl. vervielfältigt, kartoniert und laminiert werden.

Neben den doppelseitigen Arbeitsblättern finden sich noch zehn zusätzliche Übungsblätter zu einzelnen Textsorten. Diese ermöglichen eine Sicherung und Vertiefung des bisher Gelernten. Gleichzeitig ist die jeweils letzte Aufgabe auf diesen Arbeitsblättern, in der es darum geht, den Text des Übungsblattes zusammenzufassen, so gestaltet, dass die Kinder dazu angehalten werden, eigenständiger und individueller zu arbeiten. Sie verwenden dafür eine der zehn Karteikarten – welche, wird jeweils in der Aufgabe genannt.

Auf den Karteikarten werden allgemeine Vorschläge zur Bearbeitung von Texten gemacht, Tipps aufgeführt, wie man Texte mit eigenen Worten vorträgt und Übungsanregungen gegeben, um die Schnelligkeit der Augen zu trainieren. Außerdem gibt es Karteikarten zu einzelnen Textsorten, auf denen die Kriterien dieser Textsorten übersichtlich aufgeführt sind.

Die Karteikarten sollten am besten vervielfältigt, auf Karton geklebt und laminiert werden, damit sie von vielen Schülern und Schülerinnen häufig verwendet werden können.

Name: ______________________ Datum: __________

Erlebniserzählung (1)

Leider sind bei dieser Erzählung über ein Erlebnis der Klasse 4a der Brüder-Grimm-Schule die Abschnitte durcheinandergeraten.

1. Lies und unterstreiche die Schlüsselwörter.

Lagerfeuer der 4a am Strand

____

___ Eine Woche lang war die Klasse 4a auf der Insel Juist. Weil gestern ihr letzter Tag auf der Insel war, haben sich die Kinder und Lehrer am späten Nachmittag am Strand versammelt, um dort ein Feuer zu machen.

____

___ Als es allmählich dunkel wurde, zündeten die Lehrerin Frau Gue und der Lehrer Herr List das Holz an. Da war ein aufregender Moment!

____

___ Als alles aufgegessen war, räumten alle die Abfälle zusammen und bedeckten die Glut mit Sand. Das war ein schöner Abschluss der Ferienwoche auf Juist.

____

___ Schon bald schlugen die Flammen hoch und die Funken sprühten über den Strand. Es knisterte und prasselte. Herrlich war das! Die Kinder tanzten ausgelassen um das Feuer herum.

____

___ Zwei Stunden lang haben alle Holz zusammengetragen: Bretter, kaputte Kisten, kleine Baumstämme und was noch so alles vom Meer herangespült worden war. Schließlich war der Holzhaufen mehr als zwei Meter hoch.

____

___ Nach gut einer Stunde war das Feuer so weit heruntergebrannt, dass der Eisenrost über die Glut geschoben werden konnte. Endlich konnten die Würstchen gegrillt werden. Hm, das schmeckte vielleicht gut! Dazu wurden Brote gegessen und Saft und Sprudelwasser getrunken.

2. Schreibe jeweils die richtige Nummer vor den Textabschnitt.

3. Gib jedem Abschnitt eine Überschrift.

Name: ______________________ Datum: ____________

Erlebniserzählung (2)

4. Kreuze die richtigen Aussagen an.

1 a) Die Klasse 4a veranstaltete eine Geburtstagsfeier am Strand.
b) Die Klasse 4a veranstaltete eine Abschlussfeier am Strand.
c) Die Klasse 4b veranstaltete eine Abschlussfeier am Strand.

2 a) Die Kinder sammelten Muscheln und Schnecken.
b) Die Kinder sammelten Kieselsteine.
c) Die Kinder sammelten Holzstücke.

3 a) Als es allmählich dunkel wurde, zündeten die Lehrer den Holzstapel an.
b) Als es allmählich hell wurde, zündeten die Lehrer den Holzstapel an.
c) Als es allmählich dunkel wurde, zündeten zwei Schüler den Holzstapel an.

4 a) Die Kinder schauten ängstlich auf das Feuer.
b) Die Kinder tanzten ausgelassen um das Feuer herum.
c) Die Kinder sprangen über das Feuer.

5 a) Später grillten sie über der Glut Würstchen auf einem Eisenrost.
b) Später legten sie die Würstchen in das Feuer.
c) Später grillten sie über der Glut Koteletts auf einem Eisenrost.

6 a) Dazu tranken sie Cola und Bier.
b) Dazu tranken sie Kaffee und Tee.
c) Dazu tranken sie Saft und Sprudelwasser.

7 a) Zum Schluss bedeckten sie die Glut mit Sand und brachten die Abfälle weg.
b) Zum Schluss bedeckten sie den Sand mit Glut und brachten die Abfälle weg.
c) Zum Schluss bedeckten sie die Glut mit Sand und warfen die Abfälle ins Meer.

8 a) Das war kein schöner Abschluss der Ferien auf Juist.
b) Das war ein schöner Abschluss der Ferien auf Juist.
c) Das war ein schöner Abschluss der Ferien auf Amrum.

5. Schreibe zu jedem Textabschnitt einen kurzen Satz.

1 ____

2 ____

3 ____

4 ____

5 ____

6 ____

Name: ______________________ Datum: ____________

Sage (1)

Diese Sage vom Rhein erzählt uns, woher das Siebengebirge seinen Namen hat. Leider sind dem Erzähler drei Sätze aus Märchen dazwischengeraten.

1. Lies die Sage und streiche die drei „Märchensätze“ durch.

Wie das Siebengebirge entstand

Vor vielen Jahrhunderten floss der Rhein nicht weiter als bis Königswinter nahe bei Bonn. Die Berge Drachenfels und Rolandseck schlossen das Rheintal ab und hinderten ihn so am Weiterfließen. Die alte Königin nahm den Spiegel und fragte ihn, wer denn die Schönste sei im ganzen Land. Der Rhein endete also dort in einem großen See.

Das störte die Leute in der Eifel und im Westerwald. Auf dem Weg zur Großmutter traf das Mädchen einen großen Wolf im Wald. Sie wollten anstelle des Sees lieber einen Fluss haben, auf dem sie ihre Ware in alle Welt bringen könnten. Schließlich fassten die Bewohner von Eifel und Westerwald einen Entschluss. Sie wollten das Gebirge durchstechen, damit der Rhein endlich weiterfließen könnte.

Da sie aber selbst zu schwach dazu waren, baten sie sieben Riesen, diese Arbeit zu übernehmen. Da entdeckten die Kinder auf einer Lichtung ein kleines Haus aus Lebkuchen und Süßigkeiten. Sie versprachen ihnen, sie großzügig für ihre Arbeit zu entlohnen.

Bevor die sieben Riesen aufbrachen, klopften sie die Erd- und Felsbrocken von ihren sieben Spaten. Das war so viel Erde und Geröll, dass sie dort als sieben Berge liegen blieben. So entstand das Siebengebirge am Rhein. Kennst du es vielleicht?

Die sieben Riesen machten sich voll Eifer an die Arbeit. Schon nach wenigen Tagen beendeten sie erfolgreich ihre Arbeit. Die Leute waren glücklich und sie gaben den Riesen gerne den verdienten Lohn.

2. Ein Abschnitt steht an der falschen Stelle. Kreise ihn ein und zeichne einen Pfeil bis zu der Stelle, wo er hingehört.

3. Schreibe neben jeden Abschnitt eine Überschrift.

Name: ______________________ Datum: ____________

Sage (2)

4. Beantworte die Fragen in Stichworten.

1) Wo endete der Rhein damals? ______________________

2) Welche Berge schlossen das Rheintal ab? ______________________

____

3) Wen störte das? ______________________

4) Warum störte es die Leute? ______________________

5) Was beschlossen sie eines Tages? ______________________

6) Warum taten sie die Arbeit nicht selbst? ______________________

7) Wer machte die Arbeit schließlich für sie? ______________________

8) Waren sie erfolgreich mit ihrer Arbeit? ______________________

9) Wurden sie gut entlohnt? ______________________

10) Waren die Leute zufrieden? ______________________

11) Was machten die sieben Riesen, bevor sie nach Hause wanderten?

____

12) Wie heißt das Gebirge heute? ______________________

13) Kennst du andere Sagen? ______________________

5. Schreibe die Sage in wenigen Sätzen auf. Achte dabei auf die Schlüsselwörter.

____

____

____

____

____

6. Schreibe auf, aus welchen Märchen die drei Sätze stammen, die in die Sage geraten sind.

____

____

____

Name: ______________________ Datum: ____________

Fabel (1)

1. Überfliege den folgenden Text. Dann kreuze unten an, was du festgestellt hast.

Ein hungriger Hahn suchte auf einem Misthaufen nach Körnern.
Anstelle von Körnern fand er einen wunderschönen Diamanten.
Der Pfau und die Dohle stritten sich um die Vorzüge ihrer
Eigenschaften. Der Pfau brüstete sich mit Glanz, Farbe und
Größe der Federn. Missmutig stieß der Hahn ihn beiseite und rief:
„Was nützt einem Hungrigen der schönste Edelstein? Ihr Besitz
macht zwar reich, aber nicht satt. Ein paar dicke Gerstenkörner
wären mir jetzt lieber als alle Edelsteine der Welt!"
Die Dohle gab all dieses zu und bemerkte nur, dass alle diese
Schönheiten zur Hauptsache nicht taugten – zum Fliegen.
Das Stückchen Brot, das dich ernährt, ist mehr wert als Gold
und Edelsteine.
Die Dohle flog auf und beschämt blieb der Pfau zurück.
Sei nicht stolz auf bloße äußerliche Vorzüge.

a) Das ist eine einzige Fabel, aber die ist reiner Unsinn.
b) Hier sind drei Fabeln durcheinandergeraten.
c) Hier sind zwei Fabeln durcheinandergeraten.

2. Nun unterstreiche die Sätze zum Thema „Der Hahn und der Diamant" blau und die Sätze zum Thema „Der Pfau und die Dohle" rot.

3. Schreibe hier zu jeder Fabel vier bis fünf Schlüsselwörter auf.

Der Hahn und der Diamant (von Äsop)	**Der Pfau und die Dohle** (von Äsop)
____________	____________
____________	____________
____________	____________
____________	____________
____________	____________

Name: ______________________ Datum: ______________

Fabel (2)

4. Beantworte die Fragen zur Fabel „Der Hahn und der Diamant".

1) Was sucht der Hahn auf dem Misthaufen? ______________________

2) Was findet er dort? ______________________

3) Freut er sich über seinen Fund? ______________________

4) Was wäre ihm im Moment lieber als alle Edelsteine der Welt? ______________________

5. 1) Äsop, der diese Fabel vor 2000 Jahren geschrieben hat, gibt im letzten Satz die Erklärung. Schreibe sie mit deinen Worten hier auf.

____

____

2) Was meinst du dazu?

____

____

6. Beantworte die Fragen zur Fabel „Der Pfau und die Dohle".

1) Worüber stritten der Pfau und die Dohle? ______________________

2) Womit brüstete sich der Pfau? ______________________

3) Was meinte die Dohle dazu? ______________________

____

4) Wie hat sie ihre Meinung bekräftigt? ______________________

7. 1) Äsop, der auch diese Fabel vor 2000 Jahren geschrieben hat, gibt im letzten Satz die Erklärung. Schreibe sie mit deinen Worten hier auf.

____

____

2) Was meinst du dazu?

____

____

Name: ______________________ Datum: __________

Gedicht (1)

1. Lies das Gedicht und ergänze die fehlenden Reimwörter.

wieder, abgezupft, Morgenzeit, Abendmelodie, allerliebst

Rotkehlchen

Rotkehlchen auf dem Zweige hupft
wipp wipp!
Hat sich ein Beerlein ____________, Beeren knabbern ______ 1
knipp knipp!
Lässt sich zum klaren Bach hernieder,
tunkt's Schnäblein ein und hebt es ____________, ____________ 2
stipp, stipp, nipp, nipp,
und schwingt sich wieder in den Flieder. ____________ 3
Es singt und piepst
ganz ____________ ____________ 4
zipp, zipp, zipp, zipp, trili,
sich seine ____________,
steckt's Köpflein dann ins Federkleid
und schlummert bis zur ____________. ____________ 5

(von Wilhelm Busch)

2. Lies das Gedicht laut und markiere die Schlüsselwörter.

3. Schreibe neben das Gedicht, was das Rotkehlchen tut.

4. Wie viele Szenen oder einzelne Bilder erkennst du in diesem Gedicht?

____

Name: ______________________ Datum: __________

Gedicht (2)

5. Schau dir das Äußere des Gedichtes an. Antworte in Stichworten.

1) Wie heißt der Dichter? ______________________

2) Wie viele Strophen hat das Gedicht? ______________________

3) Wie viele Zeilen hat es? ______________________

4) Wie viele Reimpaare findest du? ______________________

5) In wie vielen Zeilen findest du die kleinen lautmalenden Worte wie „nipp"? ______________________

6) Welcher Vokal taucht in diesen Wörtchen immer wieder auf? ______________________

7) Welche drei Nomen stehen in der Verkleinerungsform? ______________________

8) Könntest du dir vorstellen, dass die kleinen Wörter (nipp …) und die Verkleinerungsformen der Nomen auch in einem Gedicht über einen Raben oder einen Adler vorkommen würden? ______________________

6. Kreuze an.

1 a) Der Dichter schildert eine friedliche Abendstimmung. ____
b) Der Dichter schildert eine fröhliche Morgenstunde. ____
c) Der Dichter schildert eine für das Rotkehlchen gefährliche Situation. ____

2 a) Das Gedicht spielt am Strand. ____
b) Das Gedicht spielt an einem Bach. ____
c) Das Gedicht spielt in einem Gemüsegarten. ____

3 a) Es wird hier mit Worten ein Bild gezeichnet, das wir uns gut vorstellen können. ____
b) Es wird hier ein Bild gezeichnet, das schwer zu verstehen ist. ____
c) Es werden schwierige und unverständliche Wörter verwendet. ____

7. Schreibe zu jeder Szene ein paar Stichworte oder einen kurzen Satz.

____

____

____

Name: ______________________________ Datum: ______________

Ballade (1)

1. Lies diese Ballade und unterstreiche wichtige Stellen.

Nis Randers

Krachen und Heulen und berstende Nacht,
Dunkel und Flammen in rasender Jagd – ______________ 1
Ein Schrei durch die Brandung!

Und brennt der Himmel, so sieht man's gut:
Ein Wrack auf der Sandbank! Noch wiegt es die Flut; ______________ 2
gleich holt sich's der Abgrund.

Nis Randers lugt – und ohne Hast
spricht er: „Da hängt noch ein Mann im Mast; ______________ 3
Wir müssen ihn holen."

Da fasst ihn die Mutter: „Du steigst mir nicht ein;
Dich will ich behalten, du bliebst mir allein, ______________ 4
Ich will's, deine Mutter!

Dein Vater ging unter und Momme, mein Sohn;
Drei Jahre verschollen ist Uwe schon, ______________ 5
Mein Uwe, mein Uwe!"

Nis tritt auf die Brücke. Die Mutter ihm nach!
Er weist nach dem Wrack und spricht gemach: ______________ 6
„Und seine Mutter?"

Nun springt er ins Boot, und mit ihm noch sechs:
Hohes, hartes Friesengewächs; ______________ 7
schon sausen die Ruder.

Boot oben, Boot unten, ein Höllentanz!
Nun muss es zerschmettern …! Nein, es blieb ganz! … ______________ 8
Wie lange? Wie lange?

Mit feurigen Geißeln peitscht das Meer
die menschenfressenden Rosse daher; ______________ 9
Sie schnauben und schäumen.

Wie hechelnde Hast sie zusammenzwingt!
Eins auf den Nacken des anderen springt ______________ 10
mit stampfenden Hufen!

Drei Wetter zusammen! Nun brennt die Welt!
Was da? – Ein Boot, das landwärts hält –
Sie sind es! Sie kommen! – –

Und Auge und Ohr ins Dunkel gespannt … ______________ 11
Still, ruft da nicht einer? – Er schreit's durch die Hand:
„Sagt Mutter, 's Uwe!"

2. Markiere die Reimwörter gelb.

3. Kennzeichne die Wörter, die du nicht verstehst.

Name: ________________________________ Datum: ____________

Ballade (2)

4. Beantworte die Fragen.

1) Wo spielt die Geschichte? ________________________________

2) Wann spielt sie? ________________________________

3) Was geschieht hier? ________________________________

4) Warum will die Mutter ihren Sohn Nis nicht ins Boot gehen lassen? ________________________________

5) Warum geht Nis trotzdem? ________________________________

6) Wie viele Männer wagen die Rettungsaktion? ________________________________

7) Wie nennt der Dichter diese Fahrt auf dem stürmischen Meer? ________________________________

8) Mit welchen Tieren vergleicht er die Wellen? ________________________________

9) Glauben die Leute am Strand an eine Rettung? ________________________________

10) Wie mag es der Mutter zumute sein, als sie das Boot auf den Wellen tanzen sieht? ________________________________

11) Wer wird gerettet? ________________________________

12) Ist die Geschichte spannend erzählt? ________________________________

13) Gefällt dir diese Ballade? ________________________________

14) Warum? ________________________________

5. Schreibe neben jede Strophe eine Überschrift.

6. Versuche, diese Geschichte mit deinen eigenen Worten so kurz wie möglich wiederzugeben.

____

____

____

____

Name: ______________________ Datum: ____________

Sachtext – Pflanzen (1)

1. Lies den Text so schnell wie möglich und versuche dabei, das Thema zu erkennen und dir ein paar Schlüsselwörter zu merken.

Der Apfelbaum

1) ______________________

Apfelbäume gehören zu den ältesten Obstbaumarten. Apfelbäume findest du auf der ganzen Welt. Es gibt heute über 5000 Sorten. Apfelbäume sind nicht sehr groß, sie werden 10–15 Meter hoch.

2) ______________________

Der Stamm des Apfelbaumes ist schlank, aber recht kurz. Er hat eine glatte, dunkle Rinde.

3) ______________________

Seine Blätter sind leicht zugespitzt und am Rand gesägt. Das heißt, das Blatt hat tiefe Einschnitte und spitze Vorsprünge. Die Oberseite der Blätter ist dunkelgrün, die Unterseite ist hell und behaart.

4) ______________________

Die rosaweißen Blüten bestehen aus fünf großen Blütenblättern, die sich im April oder Mai öffnen. Fünf grüne Kelchblätter rahmen die Blütenblätter ein. Im Innern finden wir gelbe Staubblätter. Hier holen sich Bienen und andere Insekten ihre Nahrung und verbreiten so den Blütenstaub (Pollen).

5) ______________________

Die Früchte werden im Herbst reif. Dann können sie gepflückt werden. Die Früchte sind je nach Baum sehr verschieden. Die Äpfel können groß, klein, dick, rot, grün usw. sein.

a) Thema: ______________________

b) Schlüsselwörter: ______________________

____

2. Nun lies den Text noch einmal langsam und schreibe dabei zu jedem Abschnitt die passende Überschrift.

Blätter – Apfelbäume – Früchte – Blüten – Stamm

3. Unterstreiche in jedem Abschnitt mindestens ein Adjektiv.

Name: ______________________ | Datum: ____________

Sachtext – Pflanzen (2)

4. Beantworte die Fragen.

1) Gibt es Apfelbäume schon lange? ______________________

2) Wie sieht die Rinde aus? ______________________

3) Ist der Stamm dick und hoch? ______________________

4) Welche Form haben die Blätter? ______________________

5) Welche Farbe haben die Blätter? ______________________

6) Wann blühen die Apfelbäume? ______________________

7) Gibt es heute zehn Apfelsorten oder mehr? ______________________

8) Wie viele Blütenblätter hat eine Blüte? ______________________

9) Welche Farben haben die Blütenblätter? ______________________

10) Wann sind die Früchte reif? ______________________

11) Welche Tiere suchen Nahrung in den Blüten? ______________________

5. Trage die Informationen aus dem Text in die Tabelle ein.

Baumart	
Größe	
Stamm	
Blätter (Farbe, Form, Rand)	
Blüten	
Früchte	
Tiergäste	

Name: ______________________ Datum: ____________

Sachtext – Tiere (1)

1. Lies den Text so schnell wie möglich. Merke dir dabei einige Schlüsselwörter. Schreibe diese unten auf.

Der Schmetterling

Stell dir vor, es gibt mehr als 150 000 Schmetterlingsarten. Sicher wunderst du dich auch oft über die zarten Flügel mit den wunderschönen Mustern darauf.

Schmetterlinge kannst du vor allem an sonnigen Tagen sehen. Dann flattern sie von Blüte zu Blüte und trinken mithilfe ihres Saugrüssels den süßen Saft aus den Blüten, den Nektar. Dabei bestäuben sie die Blüten, sodass sich daraus Früchte entwickeln können.

Schmetterlinge sind Verwandlungskünstler. Dreimal in ihrem Leben verwandeln sie sich. Zunächst schlüpfen sie als Raupe aus einem der vielen Eier, die ein Schmetterlingsweibchen legt. Viele Schmetterlingsarten verbringen den größten Teil ihrer Lebenszeit als Raupe. Raupen sind immer hungrig und fressen schnell und viel. Dabei werden sie immer dicker, sodass ihre Haut eines Tages zu eng wird. Viermal wechselt die Raupe ihre Haut.

Schließlich erstarrt die Raupe und frisst nicht mehr. Sie wird eine Puppe, in der sich die Organe des Schmetterlings heranbilden. Das kann bei den einzelnen Schmetterlingsarten zwischen acht Tagen und vier Jahren dauern.

Aber eines Tages ist auch dieser Lebensabschnitt beendet und aus der Puppe windet sich der neue Schmetterling heraus. Er wartet einige Momente, bis die Flügel trocken sind. Dann fliegt er als hübscher, bunter Schmetterling davon.

Schlüsselwörter: ____

____

2. Lies den Text nun langsam und genau. Nimm dazu einen spitzen Bleistift und ein Lineal. Dann unterstreiche dabei je einmal die Wörter aus dem Kasten.

mit den wunderschönen Mustern – an sonnigen Tagen – Saft aus den Blüten – Verwandlungskünstler – aus einem der vielen Eier – erstarrt die Raupe – eine Puppe – der neue Schmetterling

3. Wie ist die richtige Reihenfolge der Verwandlungen? Nummeriere in der richtigen Reihenfolge.

_____ Raupe _____ Schmetterling _____ Puppe _____ Ei

Name: ____________________ Datum: __________

Sachtext – Tiere (2)

4. Kreuze an, was stimmt.

1)
a) Es gibt 150 Schmetterlingsarten. ____
b) Es gibt 1500 Schmetterlingsarten. ____
c) Es gibt 150 000 Schmetterlingsarten. ____

2)
a) Schmetterlinge bringen Puppen zur Welt. ____
b) Schmetterlinge bringen kleine Schmetterlinge zur Welt. ____
c) Schmetterlinge legen Eier. ____

3)
a) Schmetterlinge leben von Blütenstengeln. ____
b) Schmetterlinge leben von Nektar. ____
c) Schmetterlinge leben von den Blütenblättern. ____

4)
a) Sie bestäuben die Blüten. ____
b) Sie essen die Blüten auf. ____
c) Sie schlafen in den Blüten. ____

5)
a) Schmetterlinge leben eine Zeit lang als Raupen. ____
b) Schmetterlinge fressen gerne Raupen. ____
c) Schmetterlinge spielen gerne mit Raupen. ____

6)
a) Raupen fressen als Puppen Fleisch. ____
b) Raupen fressen als Puppen Pflanzen. ____
c) Raupen fressen als Puppen nichts. ____

7)
a) Mit den Puppen spielt der Schmetterling. ____
b) In der Puppe entsteht der Schmetterling. ____
c) Puppen können fliegen. ____

8)
a) Der fertige Schmetterling schläft in der Puppe. ____
b) Er bleibt in der Puppe. ____
c) Er verlässt die Puppe. ____

5. Schreibe stichwortartig über den Schmetterling. Die Fragen helfen dir dabei.

Wie viele Schmetterlingsarten gibt es?
Wieso nennt man sie Verwandlungskünstler?
Was geschieht in einer Puppe?
Wovon ernähren sich Schmetterlinge?
Was tut eine Raupe?
Was kann der fertige Schmetterling?

Name: ______________________ Datum: ____________

Buchklappentext (1)

1. ***Lies diesen Text so schnell wie möglich. Dann kreuze unten an, um welche Buchart es sich handelt.***

Wilhelm Matthiessen: Das Rote U

Vier Jungen und ein Mädchen aus einer Stadt am Rhein erleben plötzlich eine sehr aufregende Zeit. Mitten in der Deutschstunde finden sie einen Zettel mit einer sonderbaren Nachricht und der Unterschrift „Das Rote U".

Aber wer ist „Das Rote U"? Wer steckt hinter diesem geheimnisvollen Namen? „Das Rote U" stellt ihnen in den folgenden Wochen immer schwierigere Aufgaben.

Schließlich geht es sogar um ein Menschenleben. Da beginnt ein spannender Wettlauf mit der Zeit. Werden die vier Kinder ihn gewinnen? Und werden sie herausfinden, wer dieses unheimliche „Rote U" ist?

1) Kochbuch ____ 2) Märchenbuch ____ 3) Abenteuerbuch ____

2. ***Lies den Text noch einmal langsam. Dabei markierst du fünf Textstellen, die dir wichtig erscheinen. Nimm dazu einen gelben oder orangen Marker oder Filzstift.***

3. ***Welche Aussage stimmt? Kreise sie ein.***

„Das Rote U" ist ein Mann.

„Das Rote U" ist eine Frau.

„Das Rote U" ist ein Junge.

Es wird hier nicht gesagt, wer „Das Rote U" ist.

„Das Rote U" ist ein Mädchen.

„Das Rote U" ist ein Tier.

Name: ______________________________ Datum: ______________

Buchklappentext (2)

4. Welche Aussagen sind falsch, welche richtig? Markiere: f = falsch, r = richtig.

1 a) Der Text macht neugierig auf den Inhalt.
b) Der Text verrät schon alles.

2 a) Der Text erwähnt die Kinder.
b) Der Text beschreibt die Kinder ganz genau.

3 a) Der Text nennt Zahl und Inhalt der Aufgaben, die „Das Rote U“ stellt.
b) Der Text deutet aufregende Aufgaben an.

4 a) Der Text verrät dem Leser genau, wer wo und wie in Lebensgefahr gerät.
b) Der Text sagt nur, dass ein Mensch in Lebensgefahr ist.

5 a) Im Text wird die Frage gestellt, ob die Kinder es schaffen, dieses Problem zu lösen.
b) Der Text teilt uns mit, dass die Kinder das Problem bestimmt lösen.

5. Beantworte die Fragen.

1) Wo spielt die Geschichte? ______________________________

2) Wie viele Kinder sind beteiligt? ______________________________

3) Was finden Sie mitten in der Deutschstunde? ______________________________

4) Wer hat den Zettel unterschrieben? ______________________________

5) Was erwartet diese geheimnisvolle Person von den Kindern? ______________________________

6. Schreibe in Stichwörtern auf,
a) was du von dem Klappentext behalten hast und
b) was du von dem Buch erwartest.

a) ______________________________

____

b) ______________________________

____

Name: ______________________ Datum: ____________

Zeitungsbericht (1)

1. Lies diesen Text und kreuze unten an, was du festgestellt hast.

Am Morgen des 18. Februars hat in Mainz auf der Mainstraße ein junger Mann eine 82-jährige Frau umgerissen. Der Fußballer Alexei aus Russland beendete mit dem letzten Spiel im Juni 2014 seine aktive Zeit als Fußballer. Der Grund sind häufige Krankheiten und Verletzungen. Dabei stahl er ihre Handtasche. Seine Fans waren darüber erschrocken. Der Dieb konnte fliehen. Er arbeitet jetzt nicht mehr **als** Fußballer, dafür aber **für** die Fußballer. Die Frau erlitt einen Schock und einige Prellungen. Sie wurde ins Krankenhaus gebracht. So wird er die nächste Weltmeisterschaft im Jahr 2018 mit vorbereiten. Er freut sich schon sehr auf diese neue Aufgabe.

1) Hier sind zwei Zeitungsberichte durcheinandergeraten. ____

2) Der Text ist eindeutig und gut zu verstehen. ____

3) Der Text ist so völlig in Ordnung. ____

4) Dieser Zeitungsbericht ist so, wie er ist, nur schwer zu verstehen. ____

2. Konntest du trotzdem erkennen, wovon die einzelnen Berichte handeln? Kreuze an.

von einem neuen Kunstmuseum ____

von einem Straßenraub ____

von einem Sommerfest ____

von einem Fußballspieler ____

3. Unterstreiche den Bericht über den Raub rot und den Bericht über den Fußballer blau.

4. Gib jedem Bericht eine Überschrift.

1) ______________________________

2) ______________________________

Name: ______________________ Datum: ____________

Zeitungsbericht (2)

5. Beantworte die Fragen zu dem Bericht über den Straßenraub.

1) Wo geschah der Raub?

____

2) Wann geschah er?

____

3) Wer war daran beteiligt?

____

4) Wie geschah es?

____

5) Welche Folgen hatte der Raub?

____

____

6. Beantworte die Fragen zum Fußballerbericht.

1) Wer hört seine aktive Fußballerzeit auf? ______________________

2) Wann hört er auf? ______________________

3) Warum hört er auf? ______________________

4) Was tut er in Zukunft? ______________________

7. Gib einen der beiden Berichte stichwortartig mit deinen eigenen Worten wieder.

____

____

____

____

Name: ______________________ | Datum: ______________

Einladung (1)

Constantin hat eine Einladung zu einer Feier geschrieben. Um Elisa ein wenig zu ärgern, hat er Wörter hineingeschmuggelt, die nicht dazugehören.

1. Lies den Text und streiche die überflüssigen Wörter durch, die Constantin hineingeschmuggelt hat.

88167 Grünenbach, den 20.07.2018
Hauptstr. 73

Liebe Elisa,

Seitdem du umgezogen bist und die Schule geblättert gewechselt hast, haben wir uns nur einmal im Schwimmbad gesehen. Weißt du heißt noch? Aber ich fände es schön, wenn wir stehen uns öfter sehen würden. Vielleicht geht es dir reicht genauso.
Deshalb möchte ich Löcher dich am Samstag, dem 04.08.2018, zu mir nach Hause einladen. Ich feiere dann nämlich meinen 10. Geburtstag. Es kommen noch fünf andere Kinder, die du alle kennst: Tom, Kim, Anne, Johannes und Clemens. Bei Sonnenschein werden wir Maus eine Party im Garten veranstalten, bei Regen werden wir im Haus Hauptstr. 73 feiern.

Ich würde mich freuen, wenn du um 16 Uhr hier sein könntest.
Die Feier endet verschläft um 19 Uhr.

Liebe Grüße
Constantin Weber

2. Kreuze an, welche Art von Brief das ist.

eine Bittbrief ____ ein Rechnungsbrief ____ ein Ferienbrief ____

ein Einladungsbrief ____ ein Bewerbungsbrief ____

3. Beantworte die Fragen.

1) Wer hat den Brief geschrieben? ______________________________

2) Wo wohnt der Briefschreiber? ______________________________

3) Wann hat er den Brief geschrieben? ______________________________

4) An wen hat er den Brief geschickt? ______________________________

Name: ______________________ Datum: ____________

Einladung (2)

4. Kreuze die richtige Aussage an.

1. a) Elisa war umgezogen. ____
   b) Johannes war umgezogen. ____
   c) Constantin war umgezogen. ____

2. a) Sie haben sich mehrmals im Schwimmbad getroffen. ____
   b) Sie haben sich öfter im Schwimmbad getroffen. ____
   c) Sie haben sich einmal im Schwimmbad getroffen. ____

3. a) Constantin würde Elisa gerne öfter sehen. ____
   b) Constantin würde Elisa gerne nur noch einmal sehen. ____
   c) Constantin würde Elisa gerne nie wieder sehen. ____

4. a) Es kommen noch vier andere Kinder. ____
   b) Es kommen noch fünf andere Mädchen. ____
   c) Es kommen noch fünf andere Kinder. ____

5. a) Elisa kennt diese Kinder auch. ____
   b) Elisa kennt diese Kinder nicht. ____
   c) Elisa kennt nur drei von diesen Kindern. ____

6. a) Die Kinder heißen Tim, Kim, Anne, Johannes, Clemens. ____
   b) Die Kinder heißen Tom, Kim, Anne, Johannes, Clemens. ____
   c) Die Kinder heißen Tom, Kai, Anne, Johann, Clemens. ____

7. a) Die Feier beginnt um 16 Uhr und endet um 19 Uhr. ____
   b) Die Feier beginnt um 16 Uhr und endet um 18 Uhr. ____
   c) Die Feier beginnt um 15 Uhr und endet um 19 Uhr. ____

5. Unterstreiche im Brief nur die Stellen, die für den Eingeladenen besonders wichtig sind.

6. Schreibe diese wichtigen Infos hier in Kurzform auf.

1) Grund der Feier: ______________________

2) Ort der Feier: ______________________

3) Zeitpunkt der Feier: ______________________

4) Dauer der Feier: ______________________

Name: ________________________________ Datum: ____________

Lexikontext (1)

Clara liest gerne in einem Lexikon. Deshalb weiß sie sehr viel. Ja, sie hat sogar schon bei einem Schülerquiz gewonnen. Hier hat sie eine halbe Seite aus einem Lexikon abgeschrieben. Leider hat sie keine Abschnitte gemacht.

1. *Überfliege diese Lexikon-Texte. Achte dabei auf die Anzahl der erklärten Begriffe.*

Kupfer ist ein rotes glänzendes Schwermetall, das schon 5000 Jahre vor der Zeitenwende von den Ägyptern verarbeitet wurde. Es kann leicht leicht gebogen, gedreht oder gedehnt werden. Es kann zu Rohren, Blechen und Druckplatten verarbeitet werden. Da es ein guter Leiter für Strom ist, wird es zu Kupferdraht verarbeitet. Kürbis gehört wie die Gurken zu den Kürbisgewächsen. Er stammt aus Amerika. Seine Früchte können bis zu 20 kg schwer werden und einen Durchmesser von 30 cm haben. Kurfürst → Fürst. Küste nennt man die Grenze zwischen Land und Meer. Wind und Wasser verändern die Küsten ständig. Es gibt verschiedene Küstenarten, zum Beispiel feine flache Sandstrände und steile Felsküsten.

Anzahl der erklärten Begriffe: ______

2. *Lies den Text noch einmal langsam und markiere dabei diese Begriffe. Schreibe sie hier auf.*

________________ ________________

________________ ________________

3. *Nun kreise oben die einzelnen Textabschnitte mit verschiedenen Farbstiften ein.*

4. *Was mag der Pfeil zwischen den Wörtern Kurfürst und Fürsten bedeuten? Erkläre kurz.*

____

Name: ______________________ Datum: __________

Lexikontext (2)

5. Beantworte die Fragen.

1) Wie heißt das rötliche Schwermetall? ______________________

2) Wann wurde es schon verarbeitet? ______________________

3) Wer hat es so früh schon verarbeitet? ______________________

4) Was kann man damit machen? ______________________

5) Warum wird daraus Kupferdraht gemacht? ______________________

6) Zu welchen Gewächsen zählen die Kürbisse und Gurken? ______________________

7) Aus welchem Erdteil stammt diese Frucht? ______________________

8) Wie schwer können sie werden? ______________________

9) Wie groß können sie werden? ______________________

10) Wo muss Clara nachschauen, um etwas über Kurfürsten zu erfahren? ______________________

11) Was ist eine Küste? ______________________

12) Bleiben Küsten immer gleich? ______________________

13) Gibt es nur eine einzige Küstenart? ______________________

6. Schreibe zu jedem Begriff das Wichtigste stichwortartig auf.

__________: ______________________

____

__________: ______________________

____

__________: ______________________

____

Name: ______________________ Datum: ____________

Buchzusammenfassung (1)

1. *Lies den Text und markiere die Schlüsselwörter.*

Laura hat zum Geburtstag ein fantastisches Buch geschenkt bekommen. Davon berichtet sie in einer E-Mail ihrem Freund Mirko. Sie weiß schon jetzt, wie begeistert er davon sein wird.

Denk nur Mirko, in meinem neuen Buch steht ganz viel über
das Mittelalter. Es erzählt, wie die Ritter gelebt haben. Es spricht ____________ 1
über ihr Leben auf den Burgen, ihre Kämpfe und ihre Feste.
Es heißt dort, dass es im Mittelalter auf dem Land viele Leib-
eigene gab.

Wenn es ihnen gelang, in die Städte zu fliehen, waren sie
nach einem Jahr freie Menschen, denn die Bewohner waren ____________ 2
freie Bürger. Dort gab es Häuser aus Stein und Marktplätze,
zu denen Händler aus aller Welt kamen.

Im Buch steht auch, dass es damals viele Klöster gab, in
denen Nonnen und Mönche lebten. Sie beteten, pflegten ____________ 3
Kranke und schrieben kostbare Bücher ab. In den Kloster-
schulen gaben sie den Jungen Unterricht.

Wetten, dass du jetzt wissen willst, wie das Buch heißt?

2. *Findest du auch den Titel? Dann folge Lauras Vorschlägen.*

„Du findest den Titel, wenn du in meinem Brief folgende Wörter unterstreichst:
- in der letzten Zeile das achte Wort,
- im ersten Abschnitt in der dritten Zeile das dritte Wort,
- im dritten Abschnitt in der ersten Zeile das erste Wort,
- im ersten Abschnitt in der zweiten Zeile das zweite Wort."

Der Titel lautet: ______________________________

3. *Schreibe die vier wichtigsten Schlüsselwörter hier auf.*

____

4. *Nun schreibe oben neben jeden Abschnitt eine mögliche Überschrift. Dabei genügt auch der Hauptbegriff des jeweiligen Abschnittes.*

Ursula Lassert: Texte lesen und verstehen – *aber wie?*

Name: ______________________ Datum: ______________

Buchzusammenfassung (2)

5. Kreuze die richtige Aussage an.

1 a) Laura hat ein langweiliges Buch bekommen. ____
b) Laura hat ein interessantes Buch bekommen. ____

2 a) Sie berichtet Mirko in einer SMS davon. ____
b) Sie berichtet Mirko in einer E-Mail davon. ____

3 a) Sie glaubt, dass Mirko das Buch schon hat. ____
b) Sie glaubt, dass Mirko das Buch toll finden wird. ____

4 a) Das Buch handelt von der Zukunft. ____
b) Das Buch handelt vom Mittelalter. ____

5 a) Das Buch erzählt auch vom Leben der Ritter. ____
b) Das Buch erzählt nichts über das Leben der Ritter. ____

6 a) Die Bewohner der Städte waren Leibeigene. ____
b) Die Bewohner der Städte waren freie Bürger. ____

7 a) In den Städten gab es Steinhäuser und Marktplätze. ____
b) In den Städten gab es nur Holzhäuser und Steinhaufen. ____

8 a) In den Klöstern lebten Bauern und Bürger. ____
b) In den Klöstern lebten Mönche und Nonnen. ____

9 a) Sie schrieben Bücher und ärgerten Leute. ____
b) Sie beteten, heilten und unterrichteten. ____

6. Fülle diese Mindmap aus.

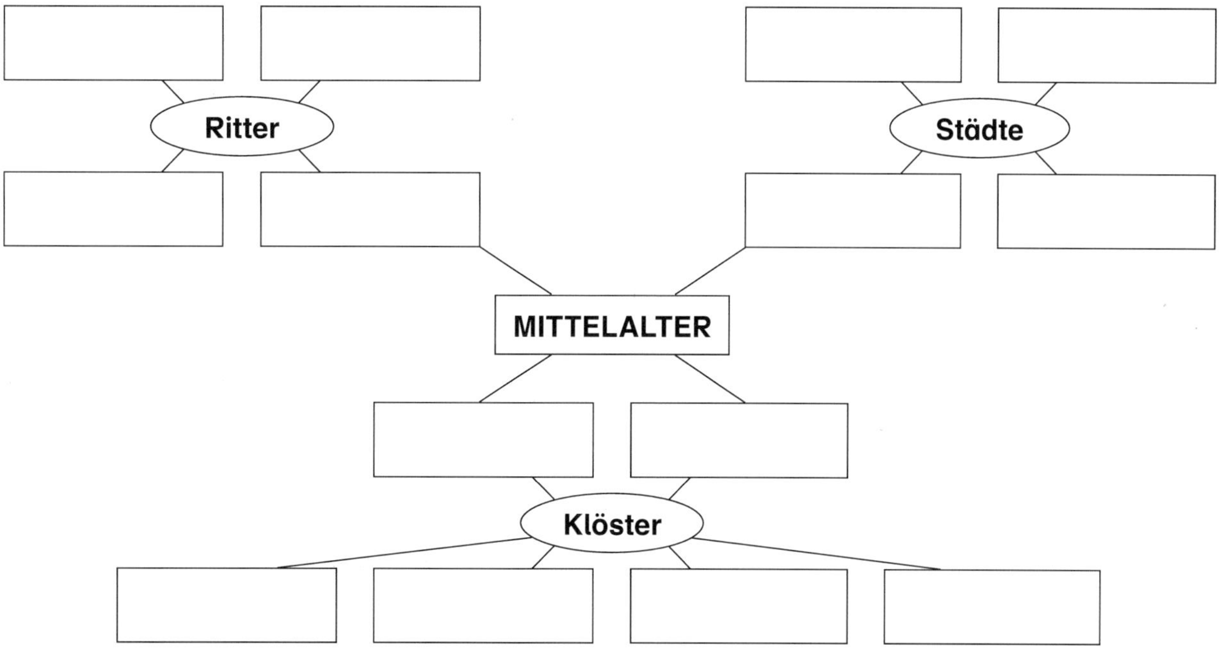

Ritter

Städte

MITTELALTER

Klöster

Name: ______________________ | Datum: ______________

Beobachtung (1)

1. Lies diesen Brief und kreuze unten an, was Markus hier ganz genau beschreibt.

Am zweiten Ferientag schickte Markus gleich am Morgen seiner Freundin Joana folgende E- Mail:

„Liebe Joana,
vorgestern waren wir spät am Abend in Oberstdorf angekommen. ESWARNASSUNDKALT. Wir konnten weder die Berge noch die Sterne sehen. Und gestern Morgen begann unser erster Ferientag mit Nebel. Wieder war es kalt und ungemütlich. Man konnte wirklich keinen einzigen Berg sehen. Erst im Laufe des Morgens löste sich der neblige Dunst allmählich auf und man sah einzelne Wolken. AMMITTAGHATTENWIRENDLICHSONNENSCHEIN. Für eine halbe Stunde konnten wir auf der Terrasse unserer Ferienwohnung sitzen. Doch schon um 2 Uhr nachmittags zogen wieder dunkle Wolken auf. EINHEFTIGESGEWITTERBRACHLOS. Den ganzen Nachmittag regnete es heftig. Erst am Abend schien noch einmal die Sonne. Aber da konnten wir ja nichts Besonderes mehr unternehmen. Ich kann nur hoffen, dass es heute nicht wieder so wird wie gestern.
Liebe Grüße
dein Markus“

Er beschreibt a) das Wetter. ____
b) die Berge. ____
c) den Ort. ____

2. Drei Sätze hat er nur mit Großbuchstaben und aneinandergereiht geschrieben. Schreibe diese Sätze hier richtig auf.

____

____

____

____

3. Unterstreiche oben im Text die Adjektive und Nomen, die mit Wetter zu tun haben.

4. Schreibe diese Wörter hier auf.

____

____

Name: ______________________ Datum: __________

Beobachtung (2)

5. Kreuze die richtige Aussage an.

1 a) Markus verbrachte die Ferien in Oberstdorf. ____
b) Markus verbrachte die Ferien in Winterberg. ____

2 a) Markus schrieb seiner Freundin Joana einen Brief. ____
b) Markus schrieb seiner Lehrerin einen Brief. ____

3 a) Er freute sich über das Wetter am ersten Ferienmorgen. ____
b) Er war wütend und enttäuscht über das Wetter. ____

4 a) Schon früh am ersten Ferientag konnte er die Berge sehen. ____
b) Am frühen Morgen konnte er keinen einzigen Berg sehen. ____

5 a) Am Mittag saßen sie auf der Terrasse eines Hotels. ____
b) Am Mittag saßen sie auf der Terrasse der Ferienwohnung. ____

6 a) Um zwei Uhr gab es ein Gewitter. ____
b) Um zwei Uhr fuhren sie wieder nach Hause. ____

7 a) Nach dem Gewitter regnete es den ganzen Nachmittag. ____
b) Nach dem Gewitter regnete es eine halbe Stunde. ____

8 a) Markus hoffte, dass das Wetter nächste Woche besser wird. ____
b) Markus hoffte, dass es heute besser wird. ____

Joana schrieb sofort eine E-Mail zurück: „Das ist ja ein tolle Wetterbeobachtung. Die werde ich gleich aufzeichnen. Wenn du Lust hast, kannst du mir das Wetter in den nächsten Tagen auch so ausführlich beschreiben. Ich werde ein Beobachtungsblatt anlegen. Du weißt ja, wie gerne ich so etwas mache."

6. Hilf Joana, die Wetterbeobachtungen zu zeichnen.

am frühen Morgen	am Morgen	am Mittag	um 14 Uhr	während des Nachmittags	am Abend

Name: ______________________ Datum: ______________

Brief (1)

1. Lies den Brief und kreise die einzelnen Briefteile ein.

das Datum, die höfliche Anrede, den Text, den Abschiedsgruß, die Unterschrift

Berlin, den 12.10.2018

Lieber Mike,

seit vier Wochen wohnen wir in Berlin. Hier besuche ich das Musik-Gymnasium. Seit einer Woche spiele ich Trompete in unserem Schulorchester. Es ist einfach herrlich, da mitzumachen. Da du nicht viel mit Musik zu tun hast, erkläre ich dir hier kurz, wie unser Schulorchester aufgebaut ist:

Ein Orchester besteht aus vielen verschiedenen Instrumenten. Instrumente versetzen die Luft in Schwingungen, die sich als Schallwellen im Raum verteilen und dann als Töne gehört werden. Instrumente werden nach der Art eingeteilt, wie sie zum Klingen gebracht werden können. ______ 1

Es gibt Instrumente, die gezupft werden. Dazu gehören die Mandoline, die Gitarre, die Harfe und die Zither. Man nennt sie Zupfinstrumente. ______ 2

Mehrere Kinder haben Streichinstrumente. Dazu gehören die Geige, das Cello, die Bratsche und der Kontrabass. ______ 3

Nur wenige von uns spielen Instrumente, die Tasten haben. Dazu gehören das Klavier, das Cembalo und die Orgel. Sie heißen Tasteninstrumente. ______ 4

Trommel, Pauke, Triangel und Schlagzeug gehören zu den Schlaginstrumenten. Diese werden besonders von den Jungen geliebt. ______ 5

Natürlich hat ein Orchester auch mehrere Blasinstrumente wie die Flöte, die Klarinette, die Posaune, das Saxofon und die Trompete. ______ 6

Jetzt kannst du dir das sicher gut vorstellen. Vielleicht bekommst du jetzt doch Lust, ein Instrument zu lernen.

Liebe Grüße

Jan

2. Zeichne einen dicken roten Strich neben den Textteil, in dem Jan von seinem Orchester erzählt.

3. Gib jedem Abschnitt dieses Textteils eine passende Überschrift.

Name: ______________________________ Datum: ______________

Brief (2)

4. Kreuze die richtige Aussage an.

1 a) Jan ist nach Berlin gezogen und besucht dort das Sportgymnasium. ___
b) Jan ist nach Bonn gezogen und besucht dort das Musik-Gymnasium. ___
c) Jan ist nach Berlin gezogen und besucht dort das Musik-Gymnasium. ___

2 a) Jan spielt Trompete im Straßenorchester. ___
b) Jan spielt Trompete im Schulorchester. ___
c) Jan spielt Trommel im Schulorchester. ___

3 a) Seine Freundin Mine spielt auch in einem Orchester. ___
b) Sein Freund Mike spielt auch in einem Orchester. ___
c) Sein Freund Mike spielt in keinem Orchester. ___

4 a) Instrumente versetzen die Luft in Schwingungen. ___
b) Instrumente versetzen die Luft in Schrecken. ___
c) Instrumente verhindern in der Luft die Schwingungen. ___

5 a) Instrumente werden auf verschiedene Arten zum Singen gebracht. ___
b) Instrumente werden auf verschiedene Arten zum Springen gebracht. ___
c) Instrumente werden auf verschiedene Arten zum Klingen gebracht. ___

5. Das findet Mike sehr interessant. Um einen besseren Überblick zu haben, fertigt er sich eine Tabelle an. Ergänze diese mithilfe des Textes.

Zupfinstrumente			
Mandoline	___	___	___
___	___	___	___
___	___	___	___
___	___	___	___

6. Zusatzaufgabe:
Wenn du magst, kannst du auch eine Mindmap mit dem Hauptbegriff Orchester herstellen.

Name: ______________________ | Datum: __________

Vorgangsbeschreibung – Bedienungsanleitung (1)

1. ***Lies, was Daniel gestern gemacht hat.***
   Unterstreiche dabei die fünf falsch geschriebenen Wörter.

Kaffee für zwei Personen

„Gestern etllüf ich gut einen halben Liter Wasser in den Wasserbehälter der Kaffeemaschine. Die Skala zeigte, dass diese Menge für vier Tassen reicht. Dann etknewhcs ich den Filter aus und lege eine Filtertüte 1x4 hinein. Dann nahm ich vier Messlöffel Kaffeepulver aus der Kaffeedose und schüttete diesen in den Retlif. Ich schwenkte den Filter bis zum Galhcsna zurück, sodass er sich genau über der Kaffeekanne befand. Die Maschine schaltete ich ein, indem ich auf den Anschaltknopf drückte. Nach ungefähr acht Minuten war der Kaffee fertig und ich konnte den Knopf wieder ausschalten. Die Ettalpzeih unter der Kanne hielt den Kaffee einige Zeit warm."

2. ***Schreibe oben im Text jeweils das falsche Wort richtig darüber.***

3. ***Schreibe aus dem Text die wichtigsten Verben in der Grundform hier auf.***

____

____

4. ***Schreibe aus dem Text die Wörter heraus, die Teile der Kaffeemaschine bezeichnen.***

____

____

5. ***Welche drei Kaffee-Wörter gibt es nicht? Streiche sie durch.***

Kaffeegeschäft, Kaffeemaschine, Kaffeebrille, Kaffeebohne, Kaffeewärmer, Kaffeehäuser, Kaffeetassen, Kaffeekannen, Kaffeeameise, Kaffeefilter, Kaffeeliesel

Name: ______________________ Datum: ____________

Vorgangsbeschreibung – Bedienungsanleitung (2)

6. Unterstreiche jeweils den richtigen Satz. Nimm dazu ein Lineal und einen spitzen Bleistift.

1 a) Daniel füllte gestern Wasser in den Wasserbehälter.
b) Daniel füllte gestern Kaffee in den Wasserbehälter.
c) Daniel füllte gestern Wasser in die Kaffeekanne.

2 a) Daniel legte einen Füller in den Filter.
b) Daniel legte einen Filter in die Filtertüte.
c) Daniel legte eine Filtertüte in den Filter.

3 a) Er holte das Kaffeepulver aus der Kaffeedose.
b) Er holte die Kaffeedose aus der Kaffeemaschine.
c) Er holte das Kaffeepulver aus der Kaffeemaschine.

4 a) Mit dem Anschaltknopf schaltet man die Maschine an und aus.
b) Mit dem Anschaltknopf schaltet man die Maschine nur an.
c) Mit dem Anschaltknopf schaltet man die Maschine nur aus.

5 a) Die Heizplatte hält das Wasser warm.
b) Die Heizplatte kühlt den Kaffee ab.
c) Die Heizplatte hält den Kaffee warm.

7. Hier findest du die wichtigsten Stichwörter aus dem Text als Anleitung für den Umgang mit einer Kaffeemaschine. Ergänze die fehlenden Wortteile.

-legen, -schalten, -schwenken, -knopf, -schlag, Kaffee-, -tüte, -löffel

Kaffee mit der Kaffeemaschine zubereiten:

1) Wasser in die ____________maschine gießen

2) Filter aus____________,

3) Filter____________ ein____________

4) entsprechend viele Mess____________ Kaffee in die Filtertüte geben

5) Filter bis zum An____________ zurückschwenken

6) Anschalt____________ drücken, um Maschine anzuschalten

7) Wenn Kaffee fertig ist, Maschine auf demselben Knopf aus____________

Name: ______________________ Datum: __________

Wohnungsanzeige (1)

Kims Familie sucht eine andere Mietwohnung in oder nahe bei Düsseldorf. Sie soll groß genug sein für zwei Kinder mit Eltern. Alle dürfen mitsuchen. Damit jeder die Wohnungsanzeigen lesen und verstehen kann, hat Vater die Abkürzungen auf einem Zettel erklärt. Mit Eifer machen sich Kim und Rosa an die Arbeit.

Abstellr. = Abstellraum, Bäd. = Bäder, KM = Kaltmiete, NK = Nebenkosten, OG = Obergeschoss, qm = Quadratmeter, TG = Tiefgarage, verm. = vermieten, Zi = Zimmer, Whg = Wohnung

1. ***Lies die Anzeigen sorgfältig durch. Die Erklärungen zu den Abkürzungen oben helfen dir dabei.***

1) Düsseldorf – Zentrum
4-Zimmer-Whg., Küche, 2 Bäd., 2 Balkone, 97 qm, 1. OG, 780,- € + 250,- € NK, TG, frei ab 01.07.2014.

2) Düsseldorf, Vorort
helle und gepflegte 4-Zi-Whg. in ruhiger Seitenstraße, 2. OG, 104 qm, großer Wohn-/Essbereich. 2 Bäd., Abstellr., Diele, Keller, Balkon in Südlage und in ruhiger Wohnlage zu verm., KM 910,- € + 290,- € NK mit TG, frei ab 01.05.2014.

3) Düsseldorf – Zentrum
2-Zimmer-Dachwhg, 5. Etage, kleine Küche, kein Balkon, 730,-€ + 190,-€ NK mit TG, kein Aufzug.

4) Ratingen bei Düsseldorf
4-Zi.-Whg., Durchgangstraße, 3. OG, kleine Küche, Keller, 1 Bad, 94 qm, KM 670,- € + 210,- € NK, Garage 60 €, frei ab 01.06.2014.

5) Hilden bei Düsseldorf
Helle freundliche Wohnung im Erdgeschoss, 5 Zi., Wohnküche, 2 Bäder, Garten, 130 qm, 840,- € + 235,- € NK mit 2 TG, Kinder erwünscht, frei ab sofort.

2. ***Streiche die Wohnung durch, die für die Familie auf keinen Fall infrage kommt.***

3. ***Streiche die Wohnung rot an, die dir am besten gefallen würde.***

Warum? ____

____

Name: ______________________ Datum: ____________

Wohnungsanzeige (2)

4. Beantworte die Fragen.

1) Für wie viele Personen soll die Wohnung sein? ____________

2) Was heißt qm? ____________

3) Was bedeutet hier KM: Kilometer oder Kaltmiete? ____________

4) Was heißt TG? ____________

5) Was heißt Whg? ____________

6) Bei welcher Wohnung sind Kinder extra erwünscht? ____________

7) Welche Nummer hat die größte Wohnung ? ____________

8) Welche Wohnung (Nummer) hat die höchsten Nebenkosten? ____________

9) Welche Wohnung ist in einer ruhigen Seitenstraße? ____________

10) Welche Wohnung ist im 3. Obergeschoss? ____________

11) Welche Wohnung hat einen Garten? ____________

5. Nun wollen sie in einer Tabelle die wichtigen Einzelheiten zusammenfassen, damit sie besser und schneller vergleichen können. Hilf ihnen dabei.

Ort	Etage	Zimmer-anzahl	Größe	Garten/ Balkon	Garage	Preis	Ab wann?	Beson-deres
1) Df-Zentrum	1. OG	4 Zi + Küche + 2 Bäder	97 qm	2 Balkone	1 TG	780 + 250	01.07.14	

Name: ______________________ | Datum: ____________

Wegbeschreibung (1)

Lutz Winkler ist Förster im Harz. Im Sommer vermietet er zwei Zimmer an Feriengäste. Heute Morgen legt er seinen Gästen einen Wandervorschlag auf den Frühstückstisch.

1. ***Lies die Wegbeschreibung so schnell wie möglich. Dann ergänze in der Überschrift das Wanderziel.***

Wanderung zur ______________________

Vom Parkplatz aus geht ihr auf dem Wanderweg A1/R2 rechts am kleinen See vorbei. Bei der nächsten Wegkreuzung geht ihr geradeaus, indem ihr der A1 weiter folgt.
Bald darauf kommt eine Weggabelung. Dort folgt ihr links der A3 bis zu einem alten Steinkreuz, das anzeigt, dass dort Bauer Alois vor hundert Jahren vom Bliz erschlagen worden ist.
Gleich hinter dem Kreuz führt rechts ein schmahler Weg in den Wald hinein. Diesem folgt ihr an der Schutzhütte vorbei. Nun überquert der Weg die Gleise einer Schmalspurbahn.
Vorsicht: Unbeschrankter Bahnübergang!
Kurz dahinter seht ihr links einen kleinen Waßerfall. An der folgenden Weggabelung haltet ihr euch links. Der Weg führt euch dann in Serpentinen den Berg hinauf. Bald ereicht ihr die alte Burgruine Kauz. Vom Turm aus habt ihr eine herrliche Aussicht über das ganze Land. Im südlichen Teil der Burganlage ist ein interessantes Museum mit Rüstungen und Waffen aus dem Mittelalter.

2. ***Lies noch einmal sorgfältig und berichtige dabei die vier Rechtschreibfehler, die Förster Lutz gemacht hat. Schreibe die Wörter jeweils richtig darüber.***

3. ***Unterstreiche im Text abwechselnd das zweite und vorletzte Wort einer Zeile so wie du es in den ersten beiden Zeilen siehst. Das trainiert Schnelligkeit und Beweglichkeit deiner Augen.***

Name: ______________________________ Datum: ______________

Wegbeschreibung (2)

4. Welche Aussagen sind richtig, welche sind falsch?
Markiere: r = richtig, f = falsch.

1 a) Förster Lutz schlägt eine Wanderung vor.
b) Förster Lutz schlägt eine Autofahrt vor.
c) Förster Ludwig schlägt eine Wanderung vor.

2 a) Die Wanderung führt zum Bodensee.
b) Die Wanderung führt zu einer alten Burg.
c) Die Wanderung führt zu einem Bergsee.

3 a) Die Gäste müssen rechts an einem kleinen See vorbeigehen.
b) Die Gäste müssen links an einem kleinen See vorbeigehen.
c) Die Gäste müssen rechts an einem großen See vorbeigehen.

4 a) Der Weg führt an einem Holzkreuz vorbei.
b) Der Weg führt an einem Steinkreuz vorbei.
c) Der Weg führt an einem Holzstapel vorbei.

5 a) Im Wald steht ein Hotel.
b) Im Wald steht eine Imbissstube.
c) Im Wald steht eine Schutzhütte.

6 a) Vom Burgturm aus hat man eine gute Aussicht.
b) Vom Burgturm aus hat man eine schlechte Aussicht.
c) Vom Burgturm aus hat man keine Aussicht.

5. Julian zeichnet den Weg auf der Wanderkarte ein. Hilf ihm dabei.

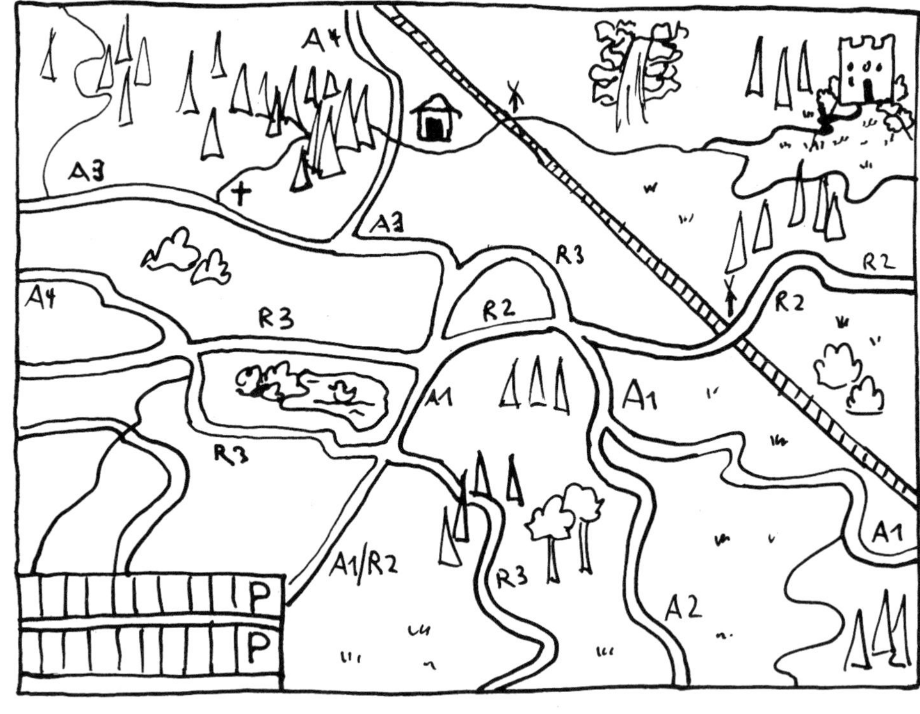

Name: ______________________________ | Datum: ______________

Gegenstandsbeschreibung (1)

1. Lies den Text und rate, um welchen Gegenstand es sich handelt.

Heute Nachmittag entdeckte Anna, dass ihr Dingsda nicht an seinem Platz in der Diele war. Da sie ihn nirgendwo fand, schrieb sie sogleich eine E-Mail an ihren Freund: Denk nur Toni, ich habe heute Morgen meinen neuen Dingsda verloren. Ich hatte mich so sehr über diesen Dingsda gefreut. Ich hatte ihn bei meinem letzten Geburtstag bekommen. Weißt du noch?

Er war etwas größer als ein normaler Dingsda für Kinder. Derstockwar aushellemkiefernholz, dasnachuntenimmerdickerwurde. Indiesemholz-knaufwarmeinvornameeingeritzt. Erinnerst du dich, wie toll du das fandest? Ein Klettverschluss hielt den hellblauen Dingsda zusammen. Erst wenn man ihn öffnete, sah man all die vielen bunten Bärchen auf dem Stoff.

Ob ich den Dingsda jemals wiederbekomme? Ich glaube, ich habe ihn im Bus liegen lassen. Ach nein, ich glaube, es war in der Schule. Was mache ich jetzt bloß? Gib mir einen Rat, du weißt doch immer alles.

Es handelt sich um ______________________________.

2. Streiche die Ersatzwörter durch und schreibe jeweils den richtigen Namen darüber.

3. Unterstreiche die Wörter oder Satzteile, die den Gegenstand beschreiben.

4. Vor Aufregung hat Anna bei zwei Sätzen alle Wörter zusammengeschrieben. Schreibe diese beiden Sätze hier richtig auf.

____

____

____

____

Name: ______________________ Datum: __________

Gegenstandsbeschreibung (2)

5. Beantworte die Fragen.

1) In welchem Abschnitt wird das Dingsda ausführlich beschrieben? ______________________

2) Wer hat seinen Regenschirm verloren? ______________________

3) Wem schreibt sie deshalb eine E-Mail? ______________________

4) Wann hatte sie ihn geschenkt bekommen? ______________________

5) Hatte sie sich über diese Geschenk gefreut? ______________________

6) Weiß Anna, wo sie den Schirm liegen gelassen hat? ______________________

7) Warum schreibt sie ihrem Freund? ______________________

8) Hast du eine Idee, was Toni ihr vorschlagen wird? ______________________

6. Stelle einen Steckbrief auf.

1) Name/Bezeichnung: ______________________

2) Material: ______________________

3) Größe: ______________________

4) Farbe: ______________________

5) Besonderheit: ______________________

7. Wenn du Lust hast, kannst du eine kurze Verlustanzeige schreiben, die Anna in der Schule ans Schwarze Brett hängen könnte.

____

____

____

____

____

____

Name: ______________________ Datum: __________

Vorgangsbeschreibung – Rezept (1)

1. ***Lies den Text. Leider hat Julia die Reihenfolge der Handlungen durcheinandergebracht. Nummeriere die Sätze in der richtigen Reihenfolge.***

Bratkartoffeln für 4 Personen

Gestern waren meine drei Freundinnen den ganzen Tag bei uns. Das war wunderschön. Als es Mittag wurde, bekamen wir großen Hunger. Erst wollten wir Pizzas kaufen, aber dann meinte meine Mutter: „Kocht doch selber etwas."

Das war eine gute Idee. Stella schlug vor, Bratkartoffeln aus rohen Kartoffeln zu machen. Da alle diesen Vorschlag gut fanden, fingen wir sofort an.

____ Stella und Laura wuschen und schälten sechs mittelgroße Kartoffeln.

____ Als es ganz heiß war, gaben wir die Kartoffelscheiben hinein.

____ Verena und ich schnitten sie anschließend in ganz dünne Scheiben.

____ Wir gossen 20 ml Öl in eine große Pfanne.

____ Schließlich wurden sie goldgelb.

____ Laura würzte die goldgelben Bratkartoffeln mit Salz und Pfeffer.

____ Zum Schluss verteilte Verena die Kartoffeln auf vier Teller.

____ Stella wendete die Kartoffeln von Zeit zu Zeit mit dem Pfannenwender.

Dazu aßen wir gekochten Schinken und Gewürzgurken. Es schmeckte allen wunderbar.

2. ***Unterstreiche in Julias „Koch-Beschreibung" alle Verben. Dann schreibe sie hier in der Grundform auf.***

____

____

3. ***Welche Kartoffelgerichte gibt es nicht? Streiche diese durch.***

Kartoffelsenf Kartoffelsalat Kartoffelbrot Kartoffelpuffer Kartoffelkäse

Kartoffelbrei Kartoffelreis Kartoffelklöße Kartoffelsuppe Kartoffelkohl

Name: ______________________ Datum: __________

Vorgangsbeschreibung – Rezept (2)

4. Beantworte die Fragen.

1) Wer hat Besuch von drei Freundinnen? ______________
2) Was planten sie zum Mittagessen? ______________
3) Was schlug die Mutter vor? ______________
4) Wie fanden die Freundinnen diese Idee? ______________
5) Haben sie Mutters Vorschlag in die Tat umgesetzt? ______________
6) Was haben sie außer den Kartoffeln gegessen? ______________

____

7) Hat es allen geschmeckt? ______________

5. Schreibe anhand von Julias Erzählung ein Rezept für Bratkartoffeln. Schreibe in Stichworten.

Hilfsmittel	**Zutaten**

Anleitung: 1) ______________

2) ______________

3) ______________

4) ______________

5) ______________

6) ______________

7) ______________

Name: ______________________ Datum: ______________

Tierbeschreibung (1)

1. *Überfliege den Text und schreibe unten die beiden Tiere auf, die hier erwähnt werden.*

Luisa und Till wohnen ganz nahe bei einem Park. Daher sehen sie immer wieder Tiere aus dem Park auch in ihrem Garten.

Das Eichhörnchen ist ein häufiger Gast. Im Winter legen sie immer wieder Nüsse für das niedliche Tierchen auf die Terrasse. Dann schauen sie zu, wie es die Nüsse knabbert und wie der Blitz bis auf die dünnsten Äste klettert.

Auch der Grünspecht kommt von Zeit zu Zeit. Luisa hat ein großes Bild von ihm gemalt. Sein grünes Federkleid mit dem roten Fleck auf dem Kopf und dem kräftigen Schnabel sind ihr gut gelungen. Sie hat sogar die kräftigen Kletterfüße gezeichnet, an denen jeweils zwei Zehen nach vorn und nach hinten gerichtet sind.

Der Grünspecht klettert bei seinen Besuchen geschickt die Baumstämme hinauf und klopft ein paar Mal. Doch schon bald klettert er schnell wieder hinunter. Er sucht sich seine Nahrung lieber auf der Wiese. Ameisen sind seine Lieblingsspeise. Mit seiner 10 cm langen Zunge kann er sie gut aus der Erde holen.

Till hat schon mehrere Fotos von ihm gemacht. Besonders mag er den Ruf des Grünspechts, denn der klingt wie lautes Lachen. Till hat mehrere Vogelstimmen aufgenommen. Dabei ist auch dieses Lachen des Grünspechts. Die Aufnahmen hat er seinem Großvater geschenkt, der im Krankenhaus liegt.

Hast du auch schon einmal einen Grünspecht gesehen? Er wohnt an Waldrändern und in Parks. Er kann bis zu 35 cm groß werden.

______________________ ______________________

2. *In welchem Abschnitt wird vom Eichhörnchen gesprochen?*

____

3. *Kreise die Abschnitte ein, die vom Grünspecht erzählen.*

Name: ______________________ Datum: __________

Tierbeschreibung (2)

4. Kreuze die richtigen Behauptungen an.

1 a) Luisa und Till wohnen in der Nähe eines Parks. ___
b) Luisa und Till wohnen in der Nähe eines Parkplatzes. ___

2 a) Luisa fotografiert gern die Tiere. ___
b) Luisa malt gern die Tiere. ___

3 a) Till nimmt gern Vogelstimmen auf. ___
b) Till macht gern Vogelstimmen nach. ___

4 a) Till schenkt das Band mit den Vogelstimmen seiner Tante. ___
b) Till schenkt das Band mit den Vogelstimmen seinem Opa. ___

5 a) Die Kinder legen für das Eichhörnchen Nüsse auf die Wiese. ___
b) Die Kinder legen für das Eichhörnchen Nüsse auf die Terrasse. ___

6 a) Der Grünspecht sucht seine Nahrung am liebsten auf der Wiese. ___
b) Der Buntspecht sucht seine Nahrung am liebsten auf der Wiese. ___

7 a) Der Ruf des Grünspechts klingt wie lautes Jammern. ___
b) Der Ruf des Grünspechts klingt wie lautes Lachen. ___

8 a) Grünspechte wohnen an Waldrändern und in Parks. ___
b) Grünspechte wohnen an Waldrändern und auf Feldern. ___

5. Lies noch einmal sorgfältig die Textstellen über den Grünspecht und stelle einen Steckbrief auf.

1) **Name:** ______________________

2) **Lebensraum:** ______________________

3) **Aussehen:** ______________________

____

4) **Größe:** ______________________

5) **Nahrung:** ______________________

6) **Besondere Eigenschaften:** ______________________

Name:	Datum:

Plakat/Flyer (1)

Eine Stadt am Rhein kündet für den August ein großes Hafenfest an. An vielen Stellen in der Stadt hängen Plakate aus. Flyer mit derselben Botschaft liegen in vielen Geschäften aus. Da hat Tina eine Idee. Sie sitzt vor ihrem Computer und schreibt den Flyer ab. Aber sie verpackt die Neuigkeiten zwischen Buchstaben. Diesen Geheimtext will sie mit einer Einladung an ihren Freund Felix schicken. Ob er den Flyer lesen kann?

1. *Lies den Flyer und markiere die Wörter mit einem hellen Marker. Wo nötig, schreibe einen großen Anfangsbuchstaben über das Wort.*

Ankündigung eines Hafenfestes

1) hhhhhhafenfesthhhhamhhhh25.hhh&hh26.hhhhaugust2018hhhhh
2) hhhhhfeiernhhhhsiehhhhhhhhhmithhhhhhuns!
3) hhhhhsamstaghhhabhhhhhhh15.00hhhUhrhhhundhhsonntaghabh12.00Uhrhh
4) hhderhhhhhöhepunkthhhhhdeshhhhhsommershhhhhhhhh
5) hhhhimhhhhhhaltenhhhhhhhhhhhafenhhhhhhh
6) hhheinhhhfesthhhhfürhhdiehhganzehhhhhfamiliehhhh
7) hh30hhhkünstlerhhhhhhverteilthhaufhhhh2hhhhhbühnenhhh
8) hhhhaktionenhhhaufhhhhhdemhhhwasserhhfürhhkinder
9) hhhhhkulinarischehhhhhspezialitätenhhhhhhh
10) hhhhhhhabwechslungsreicheshhhhhhwasserprogrammhhhh
11) hhhhhhinternationalehhhhhhhmusikbandshhhhh
12) hhhhzuhhherreichenhhhmithhhhdenhhhstraßenbahnenhh704,hh708 h

2. *Schreibe die unterstrichenen Begriffe auf und schreibe eine kurze Erklärung dazu. Ein Wörterbuch kann dir helfen.*

&: und

_____: _____

_____: _____

_____: _____

Name: ______________________ Datum: ______________

Plakat/Flyer (2)

3. Schreibe den Flyer hier richtig auf.

1) ______________________

2) ______________________

3) ______________________

4) ______________________

5) ______________________

6) ______________________

7) ______________________

8) ______________________

9) ______________________

10) ______________________

11) ______________________

12) ______________________

4. Kreuze ja oder nein an.	***ja***	***nein***
1) Findet das Fest am 25. und 26. Juli statt?	____	____
2) Findet es in der Altstadt statt?	____	____
3) Ist das Fest nur für Erwachsene?	____	____
4) Gibt es ein Programm auf dem Wasser?	____	____
5) Werden Künstler auftreten?	____	____
6) Wird es etwas zu essen geben?	____	____
7) Kann man das Fest nur zu Fuß erreichen?	____	____

5. Was davon würdest du in deinen Kalender schreiben, um dieses Ereignis nicht zu verpassen? Schreibe so kurz wie möglich.

____

____

____

Name: ______________________ Datum: ______________

Fahrplan (1)

1. ***Lies den Text und unterstreiche die Namen der Städte rot, die der Kinder blau und den der Tante grün.***

Am Montag will Kira mit ihrem Bruder Tim Tante Lisa in Mainz besuchen. Deshalb versucht sie im Moment, das kleine graue Faltblatt der Deutschen Bahn zu verstehen, auf dem die Zug-Verbindungen Düsseldorf – Mainz stehen. Sie überlegt herauszufinden, mit welchem Zug sie am besten fahren könnten.

Ab	Zug	Umsteigen	An	Ab	Zug	An Mainz	Dauer	Verkehrstage
8:21	IC 529	Frankf. Flugh. Fernbf.	9:34	9:58	IC 232	10:18	1:57	tägl.
9:27	IC 27	–	–	–	–	11:38	2:11	tägl.
10:58	RE 1051	Koblenz Hbf	12:42	12:48	IC 202	13:38	2:40	Mo bis Do
11:27	IC 26	–	–	–	–	13:38	2:11	Sa/So
11:58	IC 123	Koblenz Hbf	12:42	12:48	IC 113	13:27	2:00	Sa

2. ***Schreibe die Wörter zu den passenden Abkürzungen.***

Donnerstag, Fernbahnhof, Flughafen, Intercity, Hauptbahnhof, Montag, Regionalexpress, Samstag, Sonntag, täglich

RE = ______________ IC = ______________

Hbf = ______________ Mo = ______________

Do = ______________ tägl. = ______________

Flugh. = ______________ Fernbf. = ______________

Sa = ______________ So = ______________

3. ***Schließlich entscheidet sich Kira für die vierte Möglichkeit. Sie schreibt eine kurze SMS an ihre Tante. Wie könnte diese lauten? Schreibe mit deinen Worten so kurz wie möglich.***

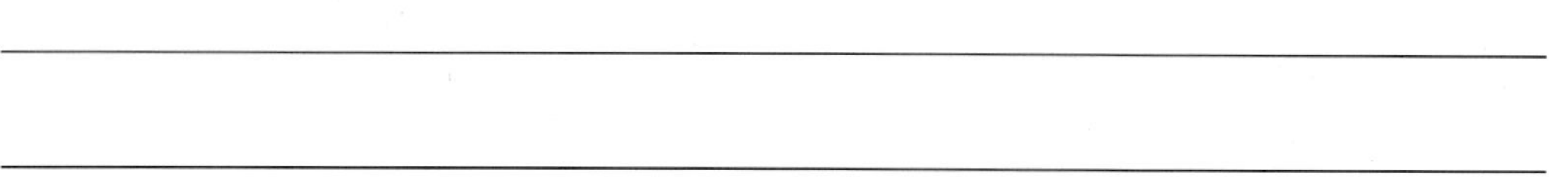

Name: ______________________ Datum: ____________

Fahrplan (2)

4. Beantworte die Fragen.

1) Wer will Tante Lisa besuchen? ____________
2) Wo wohnt Tante Lisa? ____________
3) Fahren sie mit dem Auto dorthin? ____________
4) Wo ist Kira im Moment? ____________
5) Was schaut sie sich genau an? ____________
6) Wann fährt der IC 529 von Düsseldorf ab? ____________
7) Wann kommt der RE 1051 in Koblenz an? ____________
8) Wie heißt der Anschlusszug vom RE 1051 in Koblenz? ____________
9) Wann fährt dieser Zug in Koblenz ab? ____________
10) Wann kommt er in Mainz an? ____________
11) An welchen Tagen fährt dieser Zug? ____________
12) Warum, meinst du, hat sich Kira nicht für diesen Zug entschieden? ____________
13) Wenn die beiden mit dem IC 26 fahren würden, müssten sie dann auch umsteigen? ____________

Tante Lisa schreibt folgende SMS zurück:
„Warum fahrt ihr denn nicht mit dem IC 31 um 10:27 Uhr? Dann wärt ihr schon um 12:38 Uhr in Mainz, also eine Stunde eher, und wir hätten dann mehr Zeit für einander. Der Zug fährt täglich und braucht auch nur 2:11 Stunden."
Stimmt, das hatte Lisa ganz übersehen.

5. Schreibe Tante Lisas Angaben in eine Tabelle.

Ab	Zug	Umsteigen	An	Ab	Zug	An Mainz	Dauer	Verkehrstage
______	______	______	______	______	______	______	______	______

Name: ______________________ Datum: ______________

1. Lies den Text und unterstreiche die Stellen, die die Gedanken und Gefühle der beteiligten Personen beschreiben (das innere Geschehen).

Rübezahl handelt mit Ziegenkäse

Als sich einmal viele Händler im Riesengebirge trafen, mischte sich Rübezahl als armer Bergmann darunter. Er fragte einen der Händler, ob er seine Waren gegen Ziegenkäse tauschen würde. Der Mann willigte ein und freute sich, denn er hatte schon lange vor, seiner Frau Ziegenkäse zu schenken.

Als er nach einiger Zeit zuhause ankam, zog er glücklich das Päckchen aus der Tasche, um es seiner Frau zu geben. Er war sicher, dass sie sich sehr freuen würde. Aber als er die Käseschachteln öffnete, waren nur Kieselsteine darin. Der Händler war enttäuscht. Wütend über den Bergmann, der ihm den Käse verkauft hatte, warf er die Schachteln zur Tür hinaus. Draußen spielten die Kinder mit den Schachteln. Die kleine Tochter des Händlers brachte jedoch eine der Schachteln wieder mit ins Haus, aber der Mann wollte nichts mehr davon wissen. „Gib doch mal her", rief die Mutter neugierig und öffnete die Schachtel. Zum großen Erstaunen der Familie waren nun Gold und Edelsteine darin. Als der Mann nun zum Haus hinauslief, um die anderen Schachteln zurückzuholen, da waren diese verschwunden.

2. Um welche Textsorte handelt es sich hier?

1) Bericht ____ 2) Sage ____ 3) Beschreibung ____

3. Mithilfe der Karteikarte 4 kannst du den Text erarbeiten und mit deinen Worten so kurz wie möglich zusammenfassen.

____

____

____

____

____

____

____

____

____

____

Name: ________________________ Datum: __________

1. Lies den Text und ergänze die fehlenden Wörter.

Adler – endlich – tot – niemand

Der Adler und die Schildkröte

Eine Schildkröte bat einen Adler, ihr das Fliegen beizubringen. Der __________ versuchte, ihr diesen Wunsch auszureden. Aber je mehr er sich darum bemühte, desto größer wurde der Wunsch der Schildkröte nun __________ zu fliegen. Schließlich nahm der Adler sie mit in die Luft und ließ sie ungefähr aus Turmhöhe herabfallen. Die Schildkröte zerschmetterte auf der Erde und war __________ . So büßte sie für ihren dummen Wunsch. Trachte nicht nach Dingen, die die Natur dir versagt hat. Was die Natur dir nicht gegeben hat, kann __________ dir geben.

Äsop

2. Kreuze an, um welche Textsorte es sich hier handelt.

1) Fabel ____ 2) Gedicht ____ 3) Sachtext ____

3. Mithilfe der Karteikarte 5 kannst du diesen Text erarbeiten und mit deinen Worten so kurz wie möglich zusammenfassen.

____

____

____

____

____

____

____

____

____

____

Name: ______________________________ Datum: ______________

1. Wähle eins dieser beiden Gedichte aus und lies es laut und leise.

Arm' Kräutchen

Ein Sauerampfer auf dem Damm
stand zwischen Bahngeleisen,
machte vor jedem D-Zug stramm,
sah viele Menschen reisen.

Und stand verstaubt und schluckte Qualm
schwindsüchtig und verloren,
Ein armes Kraut, ein schwacher Halm,
mit Augen, Herz und Ohren.
Sah Züge schwinden, Züge nah'n.

Der arme Sauerampfer
sah Eisenbahn um Eisenbahn,
sah niemals einen Dampfer.

(Joachim Ringelnatz)

Morgenfrühe

Morgentrunkener Amselschlag.
Halb im Schlaf noch liegt der Tag.

Überm Wald der Mond noch steht
wie ein Räuchlein, das verweht.

Blatt und Blume und das Gras
sind vom Morgentaue nass.

Auf der Lilienblütenrand
blinkt er wie ein Diamant.

Sieh, da geht die Sonne auf!
Und der Tag nimmt seinen Lauf.

(Hermann Claudius)

2. Kreuze an, um welche Textsorte es sich hier handelt.

1) Bericht ____ 2) Rezept ____ 3) Gedicht ____

3. Mithilfe der Karteikarte 5 kannst du den Text erarbeiten und mit deinen Worten so kurz wie möglich zusammenfassen.

Name: ______________________ Datum: __________

1. Lies so schnell wie möglich. Streiche dabei die fünf unsinnigen Wörter durch.

Das Weltall

Der Weltraum wird auch Weltall genannt. Dazu gehören simsa alle Himmelskörper und der Raum dazwischen. Der Weltraum ist so riesig, dass wir ihn uns alle gar nicht vorstellen können. Zu diesen Himmelskörpern gehören auch die Planeten, die um die Sonne kreisen. Einer davon ist die Erde. Nur auf ihr ist zurzeit für uns Schnuck Menschen ein angenehmes Leben möglich, denn hier gibt es Wasser, Sauerstoff und die passenden Temperaturen.

Die Himmelskörper, die einen Planeten umkreisen, heißen Monde. Auch die Erde hat tiri einen Mond. Da er wie die Erde selbst kein Licht aussendet, sehen wir immer nur den Teil vom Mond, der von der Sonne angestrahlt wird.

Die vielen flibie leuchtenden Punkte die wir nachts am Himmel sehen, sind die Sterne, die eigentlich weit entfernte Sonnen sind. Mit dem bloßen Auge können wir 6000 Sterne erkennen. Sie funkeln, weil ihr Licht durch verschiedene kalte und fleute warme Luftschichten dringen muss und dabei unterschiedlich stark gebrochen wird.

2. Kreuze an, zu welcher Textsorte dieser Text gehört.

1) Erzählung ____ 2) Ballade ____ 3) Sachtext ____

3. Mithilfe der Karteikarte 4 kannst du diesen Text erarbeiten und mit deinen Worten so kurz wie möglich zusammenfassen.

Name: ______________________ Datum: __________

1. ***Lies den Text und streiche den Satz durch, der nicht dazugehört.***

Gestern stieß in Düsseldorf an der Kreuzung Hohestraße und Bastionstraße ein Fahrradfahrer mit einem Personenwagen zusammen. Der 20jährige Fahrradfahrer Peter E. hatte die Vorfahrt nicht beachtet. Ich habe gestern einen spannenden Film gesehen. Bei dem Aufprall stürzte er zu Boden und erlitt schwere Kopfverletzungen. Er musste ins Krankenhaus gebracht werden. Der Fahrer des Personenwagens kam mit dem Schrecken davon.

2. ***Kreuze an, um welche Textsorte es sich hier handelt.***

1) eine Tierbeschreibung ____ 2) eine Märchenerzählung ____ 3) ein Bericht ____

3. ***Mithilfe der Karteikarte 9 kannst du diesen Text erarbeiten und mit deinen Worten so kurz wie möglich zusammenfassen.***

Name: ______________________ Datum: __________

1. Lies diesen Text und trenne dabei die Wörter mit einem senkrechten Strich.

LIEBERJAKOB,

DENKSTDUNOCHANMICH? VOREINPAARWOCHENHABE
ICHDIRVONUNSEREMUMZUGINEINNEUESHAUSGESCHRIEBEN.
ERINNERSTDUDICH? INZWISCHENHABENWIRUNSALLEGUT
EINGELEBT. MIRGEFÄLLTESHIERGUT. ICHHABENETTEFREUNDE
UNDFREUNDINNENGEFUNDEN.ABERICHDENKESEHROFTAN
EUCHALLE. DESHALBMÖCHTEICHDICHZUEINEREINWEIHUNGS-
FEIEREINLADEN. SIEFINDETAM12.JULIINUNSEREMGARTEN
HIERINDERSCHLOSSTRASSE5INFINKHAUSENSTATT.SIE
BEGINNTUM15UHRUNDENDETUM18UHR. BITTE,GIB MIR
BALDBESCHEID,OBDUKOMMENKANNST.ICHWÜRDEMICHSEHR
FREUEN.LIEBEGRÜSSEDEiNEELLI

2. Kreuze an, um welche Textsorte es sich handelt.

1) Ferienbrief ____ 2) Einladung ____ 3) Sachtext ____

3. Mithilfe der Karteikarte 9 kannst du diesen Text erarbeiten und mit deinen Worten so kurz wie möglich zusammenfassen.

____

____

____

____

____

____

____

____

____

____

Name: ______________________ | Datum: ____________

1. Lies Lilis Mail an Thomas so schnell du kannst und merke dir ein paar Schlüsselwörter.

Lieber Thomas,

ich habe hier ein tolles Buch bekommen. Das könnte auch was für dich sein. Es erklärt,
woraus die Dinge, mit denen wir jeden Tag umgehen, hergestellt sind und was man damit
machen kann. Es berichtet darüber, wie der Mensch das Feuer entdeckt hat und was er alles
damit tun kann. Darin steht auch, dass schon die Chinesen und die Römer vor mehreren
tausend Jahren Glas hergestellt haben, was ein Glasbläser macht, wie die herrlichen bunten
Glasfenster hergestellt werden und wozu man heute Glas verwendet. Ja, es wird sogar über
die Steine gesprochen, ihre Herkunft, ihre Zusammensetzungen, ihre Verwendung usw. Auch
von Holz wird gesprochen, woher es kommt, wozu es verwendet wird, die vielen Arten und
Eigenschaften der verschiedenen Holzarten. Wusstest du, dass Papier von Bäumen kommt
oder wie Papier früher und heute hergestellt wird? Ganz viel wird hier über Papier gesagt.
Hattest du nicht einmal einen Vortrag über Papier gehalten? Wie viele Dinge es überhaupt
gibt auf der Welt. Kaum zu glauben. Zum Beispiel wird hier auch erklärt, woher die Wolle
und die Seide kommen, was daraus gemacht wird, wie sie gefärbt werden und vieles mehr.

2. Unterstreiche die folgenden Wörter:

2. Zeile: 1. Wort; 2. Zeile 11. Wort; 7. Zeile: 1. Wort; 11. Zeile: 12. Wort; letzte Zeile: 7. Wort.

Dann hast du den Titel des Buches.

Der Titel lautet: ____?

3. Mithilfe der Karteikarten 3 und vor allem 4 kannst du den Text erarbeiten und mit deinen Worten so kurz wie möglich zusammenfassen.

____

____

____

____

____

____

____

____

____

____

Name: ______________________ Datum: ____________

1. Lies diesen Text und unterstreiche den Satz, der so sonderbar geschrieben ist.

Jan verbrachte die letzten Ferien bei seinem Onkel, der Förster ist und in einem Försterhaus am Rand eines großen Waldes wohnt.
Jan liebt es, die Tiere zu beobachten. Er will später Biologie studieren. Am Montag waren morgens um 6 Uhr drei Rehe bis zum Gartenzaun gekommen. Am Dienstag beobachtete er, wie ein Fuchs zu der Mülltonne schlich. Am Mittwoch sah er kein größeres Tier. Aber am Donnerstag entdeckte er auf einem Spaziergang Spuren von Wildschweinen. Ein großes Stück Wiese war wie umgepflügt. „Das machen nur Wildschweine auf der Suche nach Nahrung", erklärte der Förster. Am Freitag beobachtete er, wie ein Bussard einen kleinen Vogel in der Luft fing und ihn in seinen Klauen wegtrug. So etwas hatte er noch nie gesehen. Der kleine Vogel schrie und piepste ganz laut. Amsamstagdurfteersichmitdemförsteraufdenjägerstandbeieinerlichtungsetzen. Dort erlebte er, wie plötzlich ein großer Hirsch mit seinem Rudel auf die Lichtung trat. Das erinnerte ihn an seine alten Märchenbücher. Es war beeindruckend. Am Sonntag verirrte sich ein Eichhörnchen in sein Schlafzimmer. Das fand er gar nicht schön. Es machte ihm fast Angst. Es dauerte sehr lange, bis es endlich wieder den Weg nach draußen fand.

2. So muss der Satz heißen:

____

____

3. Mithilfe der Karteikarte 8 kannst du den Text erarbeiten und mit deinen Worten so kurz wie möglich zusammenfassen.

____

____

____

____

____

____

____

____

____

____

____

Name: ______________________ Datum: ______________

1. Kreise den Briefabschnitt ein, in dem Daniel von den Ferienplänen seiner Familie erzählt.

Frankfurt, den 03.05.2018

Liebe Oma,

in den großen Ferien wollen wir alle zusammen für 10 Tage in den Allgäu fahren. Wir haben sehr viel vor. Ich glaube, die Zeit reicht gar nicht aus für unsere Pläne.

An einem Samstag wollen Anne und ich auf jeden Fall in einen Klettergarten gehen. Am Dienstag, hoffentlich ein Tag mit Sonne und viel Wind, wollen wir ein Segelboot auf dem Bodensee mieten. Am Montag werden wir eine Familie besuchen, die vor kurzem von hier nach Tettnang am Bodensee gezogen ist.
Mama möchte mit uns am Donnerstag nach Lindau fahren, weil sie dann dort eine ehemalige Klassenkameradin treffen kann. Am Freitag wollen wir ein Freilichtmuseum besuchen, am liebsten ein Bauernhofmuseum. Ich freue mich darauf, alte Maschinen und Traktoren zu sehen und Anne freut sich auf die Tiere, die man dort streicheln und füttern darf. Nach dem Segeltag (Mittwoch) wollen wir einen Ruhetag einlegen. Gleich am ersten Sonntag wollen wir ein großes Thermalbad besuchen. Leider fällt im Moment niemandem von uns der Name des Ortes ein, obwohl wir dieses Thermalbad vor zwei Jahren schon einmal besucht hatten. Am zweiten Samstag fahren wir dann wieder heim.

Ich fürchte, ich habe alles etwas durcheinander geschrieben, aber ich bin schon jetzt ganz aufgeregt. Ich hoffe sehr, dass du trotzdem alles verstehst.

1000 Küsschen
dein Daniel

2. Oma schreibt sich das Wichtigste aus dem Brief heraus. Hilf ihr dabei. Die Karteikarte 8 kann dir dabei helfen.

Name: ______________________ Datum: ____________

1. Lies den Text und überlege, wie das Thema ist.

Der Waldkauz ist eine Eule. Er ist ungefähr 35 bis 45 cm groß. Er hat einen großen runden Kopf mit dunklen Augen. Sein braungraues Federkleid ist der Umgebung gut angepasst. Der Waldkauz lebt in Wäldern und Parks. Gelegentlich findet man ihn auch in großen Gärten. Er ernährt sich von kleinen Tieren wie Vögel, Mäuse und Frösche. Da er nur nachts jagt, wenn es dunkel ist, sieht man ihn fast nie. Aber du siehst hin und wieder Spuren von ihm: einen kleinen Klumpen aus Haaren, Knöchlein und Federn. Das ist das „Gewölle“, das er nach seinen Mahlzeiten ausspuckt. Er jagt völlig geräuschlos, aber ab und zu ruft er laut und klagend. Das klingt unheimlich und ein wenig traurig. Mit diesen Rufen steckt er sein Brutrevier ab.

Das Thema ist: ______________________

2. Um welche Textsorte handelt es sich?

____

3. Mithilfe der Karteikarten 4 und 7 kannst du diesen Text erarbeiten und mit deinen Worten so kurz wie möglich zusammenfassen.

1 Allgemeines Vorgehen bei Texten

1) den Text überfliegen
Das heißt, du gleitest so schnell wie möglich mit deinen Augen über den Text. Versuche, den Blick nicht auf die einzelnen Wörter, sondern möglichst auf den ganzen Abschnitt zu richten.

2) den Text gründlich lesen und Fragen an den Text stellen
Das heißt, mit dem Stift lesen. Dazu nimmst du einen hellen Marker, um die wichtigsten Wörter zu markieren oder du nimmst einen spitzen Bleistift und ein Lineal, um diese zu unterstreichen. Stelle dabei Fragen an den Text und suche darin nach den Antworten. An den Rand kannst du Notizen schreiben, natürlich nur in eigenen Büchern.

3) den Text zusammenfassen
Dazu gibt es verschiedene Möglichkeiten: Stichwörter, Tabellen, Mindmaps, Wortgruppen, Skizzen mit oder ohne Beschriftung, ...

4) den Text mit eigenen Worten wiederholen
Dabei helfen dir deine schriftlichen Zusammenfassungen.

2 Texte vortragen

1) Text mehrmals lesen
Du solltest deinen Text mehrmals lesen, damit du sicherer wirst. Nur wenn du ihn mehrmals laut und leise gelesen hast, kennst du seinen Inhalt richtig und weißt nun, wo, was und wie du betonen musst.

2) besondere Textstellen kennzeichnen
Wörtliche Rede kennzeichnen, indem du sie unterstreichst. Achte auf die Begleitsätze. Sie verraten dir, wie du den Text lesen musst: geflüstert, gerufen oder ...

3) Satzzeichen markieren
Satzzeichen kannst du farbig markieren. So erkennst du schneller, wo du eine kurze Atempause machen darfst (bei Kommas) oder ob du laut sprechen musst wie bei einem Ausruf oder ob du mit der Stimme ansteigen musst wie bei einer Frage.

4) Notizen machen
Am besten machst du dir zusätzlich Notizen dazu an den Rand (flüstern, schreien ...).

3 Schnelligkeit und Beweglichkeit der Augen trainieren

1) Bestimmte Wörter lesen
Zum Beispiel:
a) Erstes Wort in erster Zeile lesen, dann zweites Wort in zweiter Zeile, nun wieder erstes Wort der dritten Zeile usw.
b) Nur Nomen/Adjektive/Verben laut lesen oder kennzeichnen.
c) Einen Wollfaden auf Text legen und nur die Wörter lesen, die von diesem berührt werden.

2) Geheimschriften erfinden
Selbst Texte umschreiben in Großbuchstaben oder in Geheimschriften und diese ein paar Tage später lesen. Geheimschriften könnten zum Beispiel so aussehen:

Ichlesegernespannendebücher.

Ichle seg erne span ne ndebü cher.

ICH LESE GERNE SPANNENDE BÜCHER.

ICHLESEGERNESPANNENDEBÜCHER.

ICHLES EGER NESPA NNEN DEBÜ CHER.

ooichooooleseooogerneoospannendeooobücherooo.

3) mit verteilten Rollen lesen
Comics und andere Geschichten mit verteilten Rollen lesen

4) oft Texte leise lesen
Kaufe dir Bücher, die du gerne liest. Du findest sie auch kostenlos in Büchereien.

4 Sach- und Erzähltexte

1) den Text überfliegen
Du gleitest so schnell wie möglich mit deinen Augen über den Text. Richte dabei deinen Blick auf den ganzen Abschnitt.

2) den Text gründlich lesen und Fragen an den Text stellen
Nun liest du den Text mit einem Stift in der Hand. Damit kannst du die Schlüsselwörter oder wichtige Satzteile markieren oder unterstreichen und notfalls den Text in Abschnitte einteilen. Du kannst den einzelnen Abschnitten Überschriften geben. Achte bei Erzähltexten auf die äußere Handlung (sicht- und hörbares Geschehen) und auf die innere Handlung (Gedanken, Gefühle, Stimmungen). Bei Sachtexten achtest du auch auf unbekannte Wörter. Notiere diese am Rand.

3) den Text zusammenfassen
Das geht bei Erzählungen besonders gut mit Stichworten in der richtigen Reihenfolge oder mit Mindmaps, bei Sachtexten mit Mindmaps, Tabellen, Steckbriefen, Wortgruppen.

4) mit eigenen Worten wiedergeben.
Die Zusammenfassungen helfen dir, den Text mit eigenen Worten z. B. als Nacherzählung, Inhaltsangabe oder Vortrag wiederzugeben. Bei Briefen solltest du Stichworte aufschreiben, aber auch den Absender, damit du weißt, wohin du eine Antwort schicken kannst.

5 Balladen, Fabeln und Gedichte

1) Leise und laut lesen
Hierbei solltest du nicht nur auf den Inhalt, sondern auch auf Form, Reim, Rhythmus, Anzahl und Länge von Versen und Strophen und die Wortwahl achten.
Das Äußere eines Gedichtes hilft dir, den Inhalt besser zu verstehen. Form und Inhalt verraten uns die Stimmung (Freude, Trauer, Wut, Verzweiflung ...), die vorherrscht, und was der Dichter uns sagen will.

2) Text gründlich lesen und Fragen an den Text stellen
Das heißt, mit dem Stift lesen, also Wörter/Zeilen/Satzteile markieren, unterstreichen (siehe Karteikarte 1), unbekannte Wörter am Rand kennzeichnen, Reimwörter, Wortwahl, Bilder und Vergleiche beachten und auch Notizen am Rand ergänzen.

3) in sinnvolle Abschnitte einteilen und Überschriften geben
Mit Linien kannst du einstrophige Gedichte in einzelne Bilder oder Sinneinheiten aufteilen. Zwischenüberschriften erleichtern den Überblick, das Verstehen und Auswendiglernen des Textes.

4) den Inhalt mit eigenen Worten wiederholen
Dabei helfen dir Stichworte, Unterteilungen, Überschriften. Bei Fabeln findest du oft im letzten Satz den Sinn der Fabel. Versuche auch diesen, mit eigenen Worten auszudrücken.

6 Fahrpläne von Bussen, Bahnen und Zügen

1) den Plan überfliegen.
Das heißt die Augen über den ganzen Plan gleiten lassen, ohne an Einzelheiten hängenzubleiben und dabei die für dich wichtigen Zeiten oder Wörter suchen.

2) auf die Überschriften der einzelnen Spalten achten
Dort stehen oft die Ziele oder die Tage, an denen gefahren wird (werktags, samstags, sonntags, feiertags).

3) Sonderzeichen beachten
Das können kleine Sternchen, Buchstaben oder Zahlen sein, die meistens unten oder neben dem Plan in oft sehr kleiner Schrift erklärt werden. Es ist sehr wichtig und sehr nützlich, diese Erklärungen zu lesen.

4) auf Abkürzungen achten
Es ist wichtig, diese zu verstehen. Suche notfalls auch hierzu die entsprechenden Erklärungen. Das erspart dir Zeit und Mühe.

5) mit eigenen Worten wiederholen
Ein paar kurze schriftliche Notizen helfen dir dabei. Was du mit eigenen Worten wiederholt hast, kannst du besser behalten.

7 Beschreibungen

1) den Text überfliegen
Du gleitest so schnell wie möglich mit deinen Augen über den Text. Dabei versuchst du, den Blick nicht auf einzelne Wörter, sondern auf den ganzen Abschnitt zu richten.

2) den Text gründlich lesen und Fragen an den Text stellen
Dabei unterstreichst oder markierst du Wörter/Satzteile, die dir wichtig sind.

a) Bei Wegbeschreibungen sind das zum Beispiel Namen von Straßen, Gebäuden usw.

b) Bei Tier-/Gegenstands-/Personenbeschreibungen sind neben den Adjektiven auch die Namen der einzelnen Teile wichtig.

3) den Text zusammenfassen

a) Bei Wegbeschreibungen könnte es eine Liste der Straßen/Gebäuden/Richtungen sein oder das Einzeichnen des Wegs in Stadtplan oder Wanderkarte.

b) Bei Tier-/Gegenstands-/Personenbeschreibungen könnten es Steckbriefe sein:
bei Gegenständen z. B.: Größe, Material, Funktion, Farbe, Besonderheiten …;
bei Tieren z. B.: Größe, Aussehen, Lebensraum, Nahrung, Besonderheiten …;
bei Personen z. B.: Aussehen, Größe, Haare, Augen, Besonderheiten …

c) Manchmal helfen auch Schaubilder oder Skizzen das Behalten des Textes.
Bei Vergleichen helfen auch gut übersichtliche Tabellen.

8 Beobachtungen, Planungen und Vorgangsbeschreibungen

1) den Text überfliegen
Du gleitest so schnell wie möglich mit deinen Augen über den Text. Dabei versuchst du, den Blick nicht auf einzelne Wörter, sondern auf den ganzen Abschnitt zu richten.

2) den Text gründlich lesen und Fragen an den Text stellen
Dabei unterstreichst oder markierst du Wörter/Satzteile, die dir wichtig sind. Unbekanntes am Rand notieren.

3) den Text zusammenfassen
a) Beobachtungen (z. B: das Wetter oder das Wachsen von Pflanzen oder die Entwicklung von Tieren) können in einfachen übersichtlichen Tabellen zusammengefasst werden.

b) Bei Vorgangsbeschreibungen solltest du nur das Wichtigste in der richtigen Reihenfolge in Stichworten aufschreiben. Wichtig ist es, hierbei auf die richtigen Bezeichnungen und die passenden Verben zu achten und sachlich und kurz zu bleiben. Daraus lassen sich oft Anleitungen und Rezepte ableiten.

c) Planungen kannst du gut in übersichtlichen Tabellen aufschreiben.

9 Berichte, Briefe und Einladungen

1) Text überfliegen
Dabei gleitest du mit den Augen über den Text und achtest darauf, ob etwas darin steht, was für dich wichtig ist.

2) Text gründlich lesen
Den Text langsam mit dem Stift in der Hand lesen. Dabei Fragen an den Text stellen und das Wichtigste markieren oder unterstreichen. Vergleiche mit Karteikarte 3.
a) Bei Einladungen helfen dir die Fragen: Weshalb? Wo? Wann? Wie lange?
b) Bei Berichten helfen dir die Fragen: Wer? Wo? Wann? Was? Welche Folgen?

3) nur das Wichtigste in kürzester Form und mit eigenen Worten wiedergeben
a) bei Einladungen: Grund: … Ort: … Zeit: … Dauer: …
oder die Fragen: Weshalb … Wo …

b) bei Berichten: Ort: … Zeitpunkt: … Hergang: … Beteiligte: … Folgen: …
oder Fragen: Wo …

4) **bei Briefen auch auf den Absender achten**
So weißt du, wohin du eine Antwort schicken kannst, wenn du das möchtest.

10 Plakate und Werbetexte

1) den Text überfliegen
Dabei gleitest du mit den Augen über den Text und versuchst, die ganze Ankündigung im Blick zu haben, um zu erkennen, was hier angekündigt wird, ob es für dich überhaupt von Interesse ist.

2) den Text gründlich lesen
Dabei achtest du auf das Wichtigste. Stelle Fragen (Was? Wo? Wann? Wer? …) an das Plakat. Dann erkennst du, ob alles genannt wird, was dich interessiert. Bei Flyern kannst du markieren oder unterstreichen.
Vergleiche mit Karteikarte 1.

3) Notizen machen
Bei großen Plakaten machst du dir Notizen, indem du dir die Antworten auf deine Fragen stichwortartig auf einem Zettel notierst (was, wo, wann, wer).

Lösungen

Erlebniserzählung

Seite 6/7

1., 2., 3.
Beispiellösung:
Lagerfeuer der 4a am Strand
Der letzte Tag auf Juist
1) Eine Woche lang war die Klasse 4a auf der Insel Juist. Weil gestern ihr letzter Tag auf der Insel war, haben sich die Kinder und Lehrer am späten Nachmittag am Strand versammelt, um dort ein Feuer zu machen.
Holz sammeln
2) Zwei Stunden lang haben alle Holz zusammengetragen: Bretter, kaputte Kisten, kleine Baumstämme und was noch so alles vom Meer herangespült worden war. Schließlich war der Holzhaufen mehr als zwei Meter hoch.
Ein aufregender Moment
3) Als es allmählich dunkel wurde, zündeten die Lehrerin Frau Gue und der Lehrer Herr List das Holz an. Da war ein aufregender Moment!
Was für ein Feuer!
4) Schon bald schlugen die Flammen hoch und die Funken sprühten über den Strand. Es knisterte und prasselte. Herrlich war das! Die Kinder tanzten ausgelassen um das Feuer herum.
Eine herrliche Abendmahlzeit
5) Nach gut einer Stunde war das Feuer so weit heruntergebrannt, dass der Eisenrost über die Glut geschoben werden konnte. Endlich konnten die Würstchen gegrillt werden. Hm, das schmeckte vielleicht gut! Dazu wurden Brote gegessen und Saft und Sprudelwasser getrunken.
Ein gelungener Ferienabschluss
6) Als alles aufgegessen war, räumten alle die Abfälle zusammen und bedeckten die Glut mit Sand. Das war ein schöner Abschluss der Ferienwoche auf Juist.

4. Richtig sind: 1b, 2c, 3a, 4b, 5a, 6c, 7a, 8b

5. 1) Die Klasse 4a feierte ihren Ferienabschluss auf der Insel Juist.
2) Alle Kinder sammelten Holz für ein Strandfeuer.
3) Es war sehr aufregend, als das Feuer angezündet wurde.
4) Ausgelassen tanzten die Kinder um das Feuer herum.
5) Als das Feuer heruntergebrannt war, grillten sie Würstchen.
6) Zum Schluss räumte sie alle Überreste weg und bedeckten die Glut mit Sand.

Sage

Seite 8/9

1. Durchstreichen:
Die alte Königin nahm den Spiegel und fragte ihn, wer denn die Schönste sei im ganzen Land.
Auf dem Weg zur Großmutter traf das Mädchen einen großen Wolf im Wald.
Da entdeckten die Kinder auf einer Lichtung ein kleines Haus aus Lebkuchen und Süßigkeiten.

2. Der letzte Abschnitt muss an die vorletzte Stelle:
Die sieben Riesen machten sich …
Bevor die sieben Riesen aufbrachen …

3. Mögliche Überschriften:
1) Das Rheintal bei Bonn
2) Der Wunsch der Anwohner
3) Starke Arbeiter
4) Die erfolgreiche Veränderung
5) Das Siebengebirge

4. 1) bei Bonn 2) Drachenfels und Rolandseck 3) die Leute in Eifel und Westerwald 4) Sie wollten ihre Waren in alle Welt bringen. 5) das Gebirge durchzustechen 6) Die Arbeit war zu schwer für sie. 7) sieben Riesen 8) ja 9) ja 10) ja 11) Sie klopften ihre Spaten ab. 12) Siebengebirge 13) individuelle Antwort

5. Vor einigen Jahrhunderten endete der Rhein bei Bonn. Die Anwohner ließen sieben Riesen kommen, die das Gebirge durchstechen sollten. Sie taten erfolgreich ihre Arbeit. Bevor sie heimzogen, klopften sie die Erde von ihren Spaten. So entstanden die sieben Berge des Siebengebirges.

6. Schneewittchen, Rotkäppchen, Hänsel und Gretel

Fabel

Seite 10/11

1. und 2.

c) Hier sind zwei Fabeln durcheinandergeraten. (blau = unterstrichen, rot = kursiv)
Ein hungriger Hahn suchte auf einem Misthaufen nach Körnern.
Anstelle von Körnern fand er einen wunderschönen Diamanten.
Der Pfau und die Dohle stritten sich um die Vorzüge ihrer Eigenschaften. Der Pfau brüstete sich mit Glanz, Farbe und Größe der Federn. Missmutig stieß der Hahn ihn beiseite und rief:
„Was nützt einem Hungrigen der schönste Edelstein? Ihr Besitz macht zwar reich, aber nicht satt. Ein paar dicke Gerstenkörner wären mir jetzt lieber als alle Edelsteine der Welt!"
Die Dohle gab all dieses zu und bemerkte nur, dass alle diese Schönheiten zur Hauptsache nicht taugten – zum Fliegen.
Das Stückchen Brot, das dich ernährt, ist mehr wert als Gold und Edelsteine.
Die Dohle flog auf und beschämt blieb der Pfau zurück.
Sei nicht stolz auf bloße äußerliche Vorzüge.

3. mögliche Schlüsselwörter in *Der Hahn und der Diamant*: hungriger Hahn – suchte nach Körnern – fand Diamanten – missmutig – Gerstenkörner – mehr wert als Edelsteine;
mögliche Schlüsselwörter in *Der Pfau und die Dohle*: Pfau – Dohle – stritten um Eigenschaften – brüstete sich – Schönheiten – nicht taugten – zum Fliegen

4. 1) Gerstenkörner 2) einen herrlichen Diamanten 3) nein 4) ein paar dicke Gerstenkörner

5. 1) Etwas Essbares ist oft mehr wert als alle Edelsteine der Welt. 2) individuelle Lösung

6. 1) darüber, wer die besseren Eigenschaften habe 2) mit seiner Schönheit 3) Die Dohle gab zu, dass Pfau schöner sei, dass aber die Fähigkeit zu fliegen, wichtiger sei. 4) Sie flog davon.

7. Es gibt keinen Grund, neidisch auf die äußerlichen Vorzüge eines Menschen zu sein. Es kommt auf die inneren Werte und Fähigkeiten an. 2) individuelle Lösung

Gedicht

Seite 12/13

1., 2., 3.

Rotkehlchen

Rotkehlchen auf dem Zweige hupft		
wipp wipp!		
Hat sich ein Beerlein abgezupft,	Beeren knabbern	1
knipp knipp!		
Lässt sich zum klaren Bach hernieder,		
tunkt's Schnäblein ein und hebt es wieder	trinkt Wasser	2
stipp, stipp, nipp, nipp,		
und schwingt sich wieder in den Flieder.	fliegt in den Fliederbusch	3
Es singt und piepst		
ganz allerliebst,	singt sein Abendlied	4
zipp zipp, zipp zipp, trili,		
sich seine Abendmelodie,		
steckt's Köpflein dann ins Federkleid		
und schlummert bis zur Morgenzeit.	schläft	5
(von Wilhem Busch)		

4. fünf Bilder

5. 1) Wilhelm Busch 2) eine 3) vierzehn 4) fünf 5) in vier 6) das i 7) Beerlein, Schnäblein, Köpflein 8) nein

6. ankreuzen: 1a, 2b, 3a

7. Das Rotkehlchen sitzt auf einem Zweig. Es hat ein Beerlein im Schnabel. Dann fliegt es zum Bach und nippt am Wasser. Es fliegt hinauf in den Flieder und singt sein Abendlied. Dann steckt es sein Köpfchen unter die Federn und schläft.

Ballade

Seite 14/15

1. wichtige Stellen: berstende Nacht, Wrack auf Sandbank, Mann im Mast, du steigst nicht ein, und seine Mutter, springt ins Boot Höllentanz, drei Wetter zusammen, ein Boot landeinwärts, 's Uwe

2. Reimwörter: Nacht – Jagd, gut – Flut, Hast – Mast, ein – allein, Sohn – schon, nach – gemach, sechs – Friesengewächs, Höllentanz – ganz, Meer – daher, zusammenzwingt – springt, gespannt – Hand
3. individuelle Lösung
4. 1) am Meer, wahrscheinlich in Friesland 2) vor vielen Jahren, mitten in der Nacht 3) eine schwierige Rettungsaktion in einer stürmischen Nacht 4) Weil sie nur noch Nis hat. 5) Er denkt an die Mutter des anderen. 6) insgesamt sieben Männer 7) Hexentanz 8) mit menschenfressenden Rossen 9) nicht so richtig 10) Sie wird große Angst um Nis haben. 11) Uwe, ihr verschollener Sohn 12) ja 13) individuelle Lösung 14) individuelle Lösung
5. Mögliche Überschriften:
   1) Ein Unwetter
   2) Ein Wrack
   3) Ein gefährlicher Entschluss
   4) Die Mutter
   5) Klagen einer Mutter
   6) Nis Entschlossenheit
   7) Fahrt ins Ungewisse
   8) Der Höllentanz
   9) Menschen fressende Rosse
   10) Der rasende Sturm
   11) Die Rettung
6. In einer schlimmen Sturmnacht läuft ein Schiff auf eine Sandbank. Ein Mann schreit um Hilfe. Nis Randers hört ihn und will helfen. Seine Mutter will ihn daran hindern. Aber er rudert mit sechs anderen Männern auf den schäumenden Wellen zum Wrack. Sie retten den Mann. Es ist Uwe, der Bruder von Nis.

Sachtext – Pflanzen

Seite 16/17

1. a) Thema: Der Apfelbaum/Apfelbäume;
   b) mögliche Schlüsselwörter: Apfelbäume, Obstbaumarten, nicht sehr groß, Stamm, schlank, kurz, Blätter, zugespitzt, gesägt, dunkelgrün, Blüten, rosaweiße, Früchte, im Herbst reif, verschieden
2. Überschriften:
   1) Apfelbäume
   2) Stamm
   3) Blätter
   4) Blüten
   5) Früchte
3. unterstreichen: ältesten, ganzen, groß, hoch, schlank, kurz, glatte, dunkle, leicht zugespitzt, gesägt, tiefe, spitze, dunkelgrün, hell, behaart, rosaweißen, großen, grüne, gelbe, reif, verschieden, groß, klein, dick, rot, grün
4. 1) ja, gehören zu den ältesten Obstbaumarten 2) glatt und dunkel 3) nein, schlank und kurz 4) zugespitzt, am Rand gesägt 5) dunkelgrün 6) April/Mai 7) mehr 8) fünf 9) rosaweiß 10) im Herbst 11) Bienen und andere Insekten
5.

Baumart	Obstbaum
Größe	10–15 Meter hoch
Stamm	schlank und kurz
Blätter (Farbe, Form, Rand)	zugespitzt, am Rand gesägt, oben dunkel unten hell
Blüten	fünf rosaweiße Blütenblätter, umgeben von fünf grünen Kelchblättern, mit gelben Staubblättern
Früchte	Äpfel (verschiedene Größen und Sorten, je nach Baum)
Tiergäste	Bienen und andere Insekten

Sachtext – Tiere

Seite 18/19

1. zarte Flügel, wunderschön, trinken Nektar, Verwandlungskünstler, Raupen hungrig, erstarrt, Puppe, Flügel trocknen, hübscher Schmetterling
2. Stell dir vor, es gibt mehr als 150 000 Schmetterlingsarten. Sicher wunderst du dich auch oft über die zarten Flügel mit den wunderschönen Mustern darauf.
   Schmetterlinge kannst du vor allem an sonnigen Tagen sehen. Dann flattern sie von Blüte zu Blüte und trinken mithilfe ihres Saugrüssels den süßen Saft aus den Blüten, den Nektar. Dabei bestäuben sie die Blüten, sodass sich daraus Früchte entwickeln können.
   Schmetterlinge sind Verwandlungskünstler. Dreimal in ihrem Leben verwandeln sie sich. Zunächst schlüpfen sie als Raupe aus einem der vielen Eier, die ein Schmetterlingsweibchen legt. Viele Schmetterlingsarten verbringen den größten Teil ihrer Lebenszeit als Raupe. Raupen sind immer hungrig und fressen schnell und viel. Dabei werden sie immer dicker, sodass ihre Haut eines Tages zu eng wird. Viermal wechselt die Raupe ihre Haut.
   Schließlich erstarrt die Raupe und frisst nicht mehr. Sie wird eine Puppe, in der sich die Organe des Schmetterlings heranbilden. Das kann bei den einzelnen Schmetterlingsarten zwischen acht Tagen und vier Jahren dauern.
   Aber eines Tages ist auch dieser Lebensabschnitt beendet und aus der Puppe windet sich der neue Schmetterling heraus. Er wartet einige Momente, bis die Flügel trocken sind. Dann fliegt er als hübscher, bunter Schmetterling davon.
3. Ei, Raupe, Puppe, Schmetterling
4. 1c, 2c, 3b, 4a, 5a, 6a, 7b, 8c
5. Es gibt 150 000 Schmetterlingsarten. Sie trinken Nektar aus den Blüten. Sie verwandeln sich in eine Raupe, dann in eine Puppe und schließlich in einen Schmetterling. Der Schmetterling fliegt von Blume zu Blume.

Buchklappentext

Seite 20/21

1. 3) Abenteuerbuch
2. Vorschlag zum Markieren: vier Jungen und ein Mädchen, sonderbare Nachricht, „Das Rote U“, schwierigere Aufgaben, Menschenleben
3. einkreisen: Es wird hier nicht gesagt, wer „das Rote U“ ist.
4. Richtig sind: 1a, 2a, 3b, 4b, 5a, falsch sind: 1b, 2b, 3a, 4a, 5b.
5. 1) in einer Stadt am Rhein 2) fünf Kinder 3) einen geheimnisvollen Zettel 4) Das rote U 5) Dass sie schwierige Aufgaben lösen und möglicherweise ein Menschenleben retten.
6. individuelle Lösung

Zeitungsbericht

Seite 22/23

1. 1) Hier sind zwei Zeitungsberichte durcheinandergeraten.
2. von einem Straßenraub, von einem Fußballspieler
3. blau = kursiv, rot = unterstrichen:
   Am Morgen des 18. Februars hat in Mainz auf der Mainstraße ein junger Mann eine 82-jährige Frau umgerissen. Der Fußballer Alexei aus Russland beendete mit dem letzten Spiel im Juni 2014 seine aktive Zeit als Fußballer. Der Grund sind häufige Krankheiten und Verletzungen. *Dabei stahl er ihre Handtasche.* Seine Fans waren darüber sehr erschrocken. *Der Dieb konnte fliehen.* Er arbeitet jetzt nicht mehr **als** Fußballer, dafür aber **für** die Fußballer. *Die Frau erlitt einen Schock und einige Prellungen. Sie wurde ins Krankenhaus gebracht.* So wird er die nächste Weltmeisterschaft im Jahr 2018 mit vorbereiten. Er freut sich schon sehr auf diese neue Aufgabe.
4. Vorschlag: Straßenraub in Mainz/Fußballer Alexei steigt aus
5. 1) auf der Mainstraße in Mainz 2) am Morgen des 18. Februars 3) eine alte Frau und ein junger Mann 4) Der Mann riss die Frau um und nahm dabei ihre Tasche mit. 5) Die Frau musste ins Krankenhaus.
6. 1) Alexei 2) im Juni 2014 3) wegen Krankheit und Verletzungen 4) die Weltmeisterschaft 2018 vorbereiten
7. individuelle Lösung

Einladung Seite 24/25

1. durchstreichen: geblättert, heißt, stehen, reicht, Löcher, Maus, verschläft
2. ein Einladungsbrief
3. 1) Constantin 2) in Grünenbach, Hauptstr. 73 3) am 20.07.2018 4) an Elisa
4. 1a, 2c, 3a, 4c, 5a, 6b, 7a
5. unterstreichen: 04.08.2018, 10. Geburtstag, Hauptstr. 73, 16 Uhr, 19 Uhr
6. 1) Geburtstag 2) Hauptstr. 73 3) 16 Uhr 4) bis 19 Uhr (3 Stunden)

Lexikontext Seite 26/27

1. 4
2. Kupfer, Kürbis, Kurfürst, Küste
3. einkreisen:
   Kupfer ist ein rotes glänzendes Schwermetall, das schon 5000 Jahre vor der Zeitenwende von den Ägyptern verarbeitet wurde. Es kann leicht gebogen, gedreht oder gedehnt werden. Es kann zu Rohren, Blechen und Druckplatten verarbeitet werden. Da es ein guter Leiter für Strom ist, wird es zu Kupferdraht verarbeitet.
   Kürbis gehört wie die Gurken zu den Kürbisgewächsen. Er stammt aus Amerika.
   Seine Früchte können bis zu 20 kg schwer werden und einen Durchmesser von 30 cm haben.
   Kurfürst → Fürst.
   Küste nennt man die Grenze zwischen Land und Meer. Wind und Wasser verändern die Küsten ständig. Es gibt verschiedene Küstenarten, zum Beispiel feine flache Sandstrände und steile Felsküsten.
4. Der Pfeil zeigt auf das Wort, unter dem ich Infos zu „Kurfürst" finde.
5. 1) Kupfer 2) vor ungefähr 5000 Jahren 3) die Ägypter 4) Rohre, Bleche, Druckplatten, Kupferdraht 5) Weil es ein guter Leiter für Strom ist. 6) zu den Kürbisgewächsen 7) aus Amerika 8) bis zu 20 kg 9) bis zu einem Durchmesser von 30 cm 10) bei Fürst 11) die Grenze zwischen Land und Meer 12) Nein, sie verändern sich ständig. 13) nein, mehrere
6. **Kupfer**: seit 5000 Jahren vielseitig verarbeitet, besonders guter Stromleiter
   Kürbis: aus Amerika , sehr große Früchte
   Küste: Grenze zwischen Land und Meer, die sich ständig verändert

Buchzusammenfassung Seite 28/29

1. mögliche Schlüsselwörter: Mittelalter, Ritter, Leben auf Burgen, Kämpfe, Feste, Leibeigene, Städte, freie Bürger, Häuser aus Stein, Marktplätze, Händler, Klöster, Nonnen, Mönche, Klosterschulen
2. Das Leben im Mittelalter
3. Mittelalter, Ritter, Städte, Klöster
4. mögliche Überschriften:
   1) Das Leben der Ritter
   2) Das Leben in der Stadt
   3) Die Klöster
5. 1b, 2b, 3b, 4b, 5a, 6b, 7a, 8b, 9b
6. Beispiellösung Mindmap:

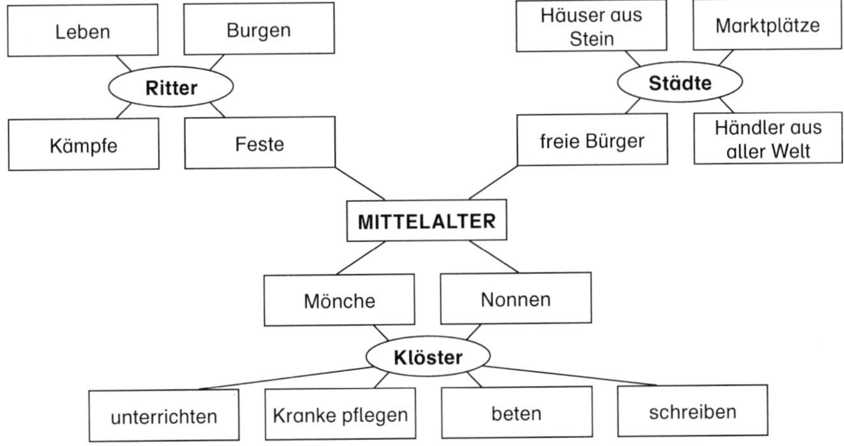

Beobachtung

Seite 30/31

1. Er beschreibt a) das Wetter.
2. Es war nass und kalt. Am Mittag hatten wir endlich wieder Sonnenschein. Ein heftiges Gewitter brach los.
3. *„Liebe Joana,*
   vorgestern waren wir spät am Abend in Oberstdorf angekommen.
   ESWARNASSUNDKALT. Wir konnten weder die Berge noch die Sterne sehen. Und gestern Morgen begann unser erster Ferientag mit Nebel. Wieder war es kalt und ungemütlich. Man konnte wirklich keinen einzigen Berg sehen. Erst im Laufe des Morgens löste sich der neblige Dunst allmählich auf und man sah einzelne Wolken.
   AMMITTAGHATTENWIRENDLICHSONNENSCHEIN. Für eine halbe Stunde konnten wir auf der Terrasse unserer Ferienwohnung sitzen.
   Doch schon um 2 Uhr nachmittags zogen wieder dunkle Wolken auf.
   EINHEFTIGESGEWITTERBRACHLOS. Den ganzen Nachmittag regnete es heftig. Erst am Abend schien noch einmal die Sonne.
   Aber da konnten wir ja nichts Besonderes mehr unternehmen.
   Ich kann nur hoffen, dass es heute nicht wieder so wird wie gestern.
   Liebe Grüße
   dein Markus“
4. nass, kalt, Nebel, kalt, ungemütlich, der neblige Dunst, einzelne Wolken, Sonnenschein, dunkle Wolken, heftiges Gewitter, regnete, heftig, schien, Sonne
5. 1a, 2a, 3b, 4b, 5b, 6a, 7a, 8b
6.

am frühen Morgen	am Morgen	am Mittag	um 14 Uhr	während des Nachmittags	am Abend

Brief

Seite 32/33

1., 2., 3.

Berlin, den 12.10.2018

Lieber Mike,

seit vier Wochen wohnen wir in Berlin. Hier besuche ich das Musik-Gymnasium. Seit einer Woche spiele ich Trompete in unserem Schulorchester. Es ist einfach herrlich, da mitzumachen. Da du nicht viel mit Musik zu tun hast, erkläre ich dir hier kurz, wie unser Schulorchester aufgebaut ist:

Ein Orchester besteht aus vielen verschiedenen Instrumenten. Instrumente versetzen die Luft in Schwingungen, die sich als Schallwellen im Raum verteilen und dann als Töne gehört werden. Instrumente werden nach der Art eingeteilt, wie sie zum Klingen gebracht werden können. — Musikinstrumente 1

Es gibt Instrumente, die gezupft werden. Dazu gehören die Mandoline, die Gitarre, die Harfe und die Zither. Man nennt sie Zupfinstrumente. — Zupfinstrumente 2

Mehrere Kinder haben Streichinstrumente. Dazu gehören die Geige, das Cello, die Bratsche und der Kontrabass. — Streichinstrumente 3

Nur wenige von uns spielen Instrumente, die Tasten haben. — Tasteninstrumente 4

Dazu gehören das Klavier, das Cembalo und die Orgel. Sie heißen Tasteninstrumente.
Trommel, Pauke, Triangel und Schlagzeug gehören zu den Schlaginstrumenten. Diese werden besonders von den Jungen geliebt.
Natürlich hat ein Orchester auch mehrere Blasinstrumente wie die Flöte, die Klarinette, die Posaune, das Saxofon und die Trompete."

Jetzt kannst du dir das sicher gut vorstellen. Vielleicht bekommst du jetzt doch Lust, ein Instrument zu lernen.

Schlaginstrumente 5

Blasinstrumente 6

Liebe Grüße
Jan

4. 1c, 2b, 3c, 4a, 5c
5. Zupfinstrumente: Mandoline, Gitarre, Harfe, Zither; Streichinstrumente: Geige, Cello, Bratsche, Kontrabass; Tasteninstrumente: Klavier, Cembalo, Orgel; Schlaginstrumente: Trommel, Pauke, Triangel, Schlagzeug; Blasinstrumente: Flöte, Klarinette, Posaune, Saxofon, Trompete
6. individuelle Lösung

Vorgangsbeschreibung – Bedienungsanleitung

Seite 34/35

1. „Gestern etllüf ich gut einen halben Liter Wasser in den Wasserbehälter der Kaffeemaschine. Die Skala zeigte, dass diese Menge für vier Tassen reicht. Dann etknewhcs ich den Filter aus und lege eine Filtertüte 1x4 hinein. Dann nahm ich vier Messlöffel Kaffeepulver aus der Kaffeedose und schüttete diesen in den Retlif. Ich schwenkte den Filter bis zum Galhcsna zurück, sodass er sich genau über der Kaffeekanne befand. Die Maschine schaltete ich ein, indem ich auf den Anschaltknopf drückte. Nach ungefähr acht Minuten war der Kaffee fertig und ich konnte den Knopf wieder ausschalten. Die Ettalpzeih unter der Kanne hielt den Kaffee einige Zeit warm."
2. etllüf = füllte, etknewhcs = schwenkte, Retlif = Filter, Galhcsna = Anschlag, Ettalpzeih = Heizplatte
3. füllen, reichen, schwenken, nehmen, schütten, einschalten, drücken, ausschalten, warmhalten
4. Filter, Heizplatte, Anschaltknopf, Kaffeekanne, Wasserbehälter
5. durchstreichen: Kaffeebrille, Kaffeeameise, Kaffeeliesel
6. 1a, 2c, 3a, 4a, 5c
7. Kaffee mit der Kaffeemaschine zubereiten:
   1) Wasser in die Kaffeemaschine gießen
   2) Filter ausschwenken
   3) Filtertüte einlegen
   4) entsprechend viele Messlöffel Kaffee in die Filtertüte geben
   5) Filter bis zum Anschlag zurückschwenken
   6) Anschaltknopf drücken, um Maschine anzuschalten
   7) Wenn Kaffee fertig ist, Maschine auf demselben Knopf ausschalten

Wohnungsanzeige
Seite 36/37

1. –
2. durchstreichen: 2) Düsseldorf, Vorort
3. individuelle Lösung
4. 1) für 4 Personen 2) Quadratmeter 3) Kaltmiete (= ohne Heizkosten, Wasser, Stromverbrauch) 4) Tiefgarage 5) Wohnung 6) bei Wohnung 5 7) Wohnung 5 8) Wohnung 2 9) Wohnung 2 10) Wohnung 4 11) Wohnung 5
5.

Ort	Etage	Zimmeranzahl	Größe qm	Garten/ Balkon	Garage	Preis €	Ab wann?	Besonderes
1) Df-Zentrum	1. OG	4 Zi + Küche + 2 Bäder	97	2 Balkone	1 TG	780 + 250	01.07.14	
2) Df-Vorort	2. OG	4 Zi + 2 Bäder Abstellr., Diele	104	Balkon Südlage	1 TG	910 + 290	01.05.14	ruhig
3) Ratingen	3. OG	4 Zi + 1 Bad	94	–	1	670 + 210 + 60	01.06.14	Durchgangstr.
4) Hilden	Erdg.	5 Zi + 2 Bäd. + Wohnküche	130	Garten	2 TG	840 + 235	sofort	freundlich

Wegbeschreibung
Seite 38/39

1. Burgruine Kauz
2. berichtigen: Bliz = Blitz, schmahler = schmaler, Waßerfall = Wasserfall, ereicht = erreicht
3. unterstreichen: Parkplatz, indem, A1, bis, alten, worden, hinter, die, Schmalspurbahn, Unbeschrankter, dahinter in, Berg, Teil, ist, dem
4. richtig: 1a, 2b, 3a, 4b, 5c, 6a
5. Karte mit Weg

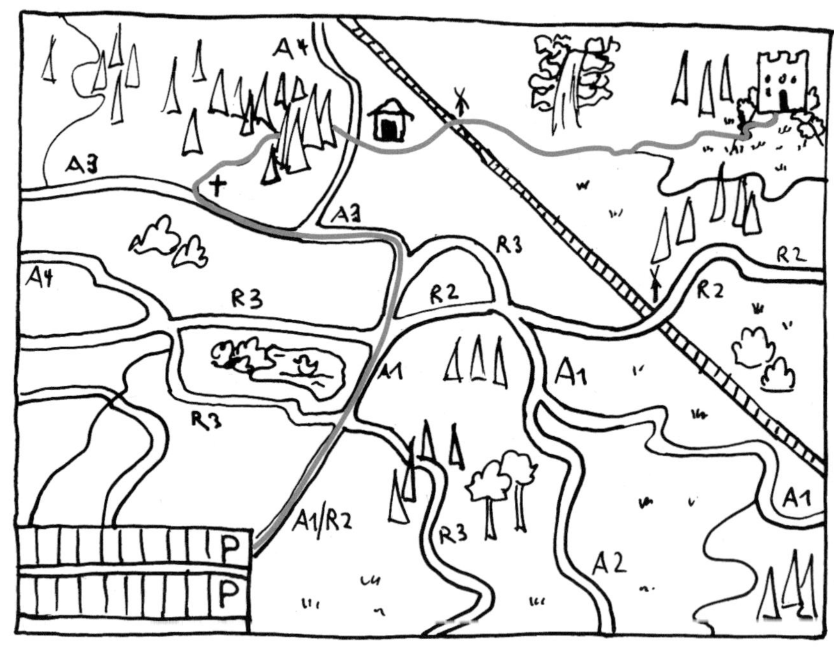

Gegenstandsbeschreibung
Seite 40/41

1. … einen Regenschirm
2. 6x Regenschirm anstelle von Dingsda
3. neuen …, größer als ein normaler … für Kinder, Stock aus hellem Kiefernholz, das nach unten immer dicker wurde. In diesem Holzknauf war mein Vorname eingeritzt. Ein Klettverschluss hielt den hellblauen … zusammen, viele bunte Bärchen auf Stoff
4. Der Stock war aus hellem Kiefernholz, das nach unten immer dicker wurde. In diesem Holzknauf war mein Vorname eingeritzt.
5. 1) im 2. Abschnitt 2) Anna 3) Toni 4) beim letzten Geburtstag 5) ja, sehr
   6) nein 7) Weil er immer Rat weiß. 8) möglich: eine Verlustanzeige mit einem Steckbrief zu schreiben, den sie in der Schule ans Schwarze Brett hängen kann.
6. 1) Regenschirm 2) Stoff und Holz 3) etwas größer als ein normaler Kinderschirm 4) hellblau mit bunten Bärchen, helles Holz als Stock 5) eingeritzter Vorname auf Holzknauf
7. individuelle Lösung

Vorgangsbeschreibung – Rezept
Seite 42/43

1.
   1) Stella und Laura wuschen und schälten sechs mittelgroße Kartoffeln.
   2) Verena und ich schnitten sie anschließend in ganz dünne Scheiben.
   3) Wir gossen 20 ml Öl in eine große Pfanne.
   4) Als es ganz heiß war, gaben wir die Kartoffelscheiben hinein.
   5) Stella wendete die Kartoffeln von Zeit zu Zeit mit dem Pfannenwender.
   6) Schließlich wurden sie goldgelb.
   7) Laura würzte die goldgelben Bratkartoffeln mit Salz und Pfeffer.
   8) Zum Schluss verteilte Verena die Kartoffeln auf vier Teller.
2. waschen, schälen, schneiden, gießen, sein, hineingeben, wenden, werden, würzen, verteilen
3. durchstreichen: Kartoffelsenf, Kartoffelkäse, Kartoffelreis, Kartoffelkohl
4. 1) Julia 2) Pizza 3) selber etwas zu kochen 4) gut 5) ja 6) gekochten Schinken und Gewürzgurken
   7) sehr gut
5. **Hilfsmittel**: Bratpfanne, Küchenmesser, Pfannenwender; **Zutaten**: sechs mittelgroße rohe Kartoffeln, 20 ml Öl, Salz und Pfeffer

Anleitung: 1) Kartoffeln schälen und schneiden 2) Öl in die Pfanne geben und erhitzen 3) Kartoffelscheiben hineingeben 4) von Zeit zu Zeit wenden 5) Kartoffelscheiben goldgelb werden lassen 6) Kartoffeln mit Salz und Pfeffer bestreuen 7) Kartoffeln auf den Teller legen

Tierbeschreibung
Seite 44/45

1. Eichhörnchen und Grünspecht
2. im zweiten Abschnitt
3. einkreisen: alle Abschnitte bis auf den ersten und den zweiten
4. 1a, 2b, 3a, 4b, 5b, 6a, 7b, 8a
5. 1) Grünspecht 2) Waldränder und Parks 3) grün mit rotem Häubchen auf dem Kopf 4) bis zu 35 cm
   5) am liebsten Ameisen 6) Sein Rufen klingt wie Lachen.

Plakat/Flyer
Seite 46/47

1. 1) Hafenfest am 25. & 26. August 2018
   2) Feiern Sie mit uns!
   3) Samstag ab 15.00 Uhr und Sonntag ab 12.00 Uhr
   4) der Höhepunkt des Sommers
   5) im alten Hafen
   6) ein Fest für die ganze Familie
   7) 30 Künstler verteilt auf 2 Bühnen
   8) Aktionen auf dem Wasser für Kinder
   9) kulinarische Spezialitäten
   10) abwechslungsreiches Wasserprogramm
   11) internationale Musikbands
   12) zu erreichen mit den Straßenbahnen 704, 708
2. &: und; Aktionen: Unternehmungen; kulinarische: auf die Kochkunst bezogen; Spezialitäten: Besonderheiten; internationale: überstaatlich, weltweit
3. siehe 1.
4. 1) nein 2) nein 3) nein 4) ja 5) ja 6) ja) 7) nein
5. Beispiellösung:
   Hafenfest am 25. & 26. August mit Wasseraktionen, Musik und internationalen Speisen

Fahrplan
Seite 48/49

1. unterstreichen: rot: Düsseldorf, Mainz; blau: Kira, Tim; grün: Lisa
2. RE = Regionalexpress; Hbf = Hauptbahnhof; Do = Donnerstag; Flugh. = Flughafen;
   Sa = Samstag; IC = Intercity; Mo = Montag; tägl. = täglich; Fernbf. = Fernbahnhof;
   So = Sonntag
3. Beispiellösung:
   Wir fahren mit dem IC um 11.27 hier ab und kommen um 13:38 Uhr in Mainz an.
4. 1) Kira und Tim 2) in Mainz 3) nein, mit dem Zug 4) in Düsseldorf am Hauptbahnhof 5) den Fahrplan 6) um 8:21 7) um 12:42 8) IC 202 9) 12:48 10) 13:38 11) von Mo bis Do 12) Weil das so umständlich ist. 13) nein
5.

Ab	Zug	Umsteigen	An	Ab	Zug	An Mainz	Dauer	Verkehrstage
10:27	IC 31	–	–	–	–	12:38	2:11	tägl.

Sage
Seite 50

1. Als sich einmal viele Händler im Riesengebirge trafen, mischte sich Rübezahl als armer Bergmann darunter. Er fragte einen der Händler, ob er seine Waren gegen Ziegenkäse tauschen würde. Der Mann willigte ein und freute sich, denn er hatte schon lange vor, seiner Frau Ziegenkäse zu schenken.
   Als er nach einiger Zeit zuhause ankam, zog er glücklich das Päckchen aus der Tasche um es seiner Frau zu geben. Er war sicher, dass sie sich sehr freuen würde. Aber als er die Käseschachteln öffnete, waren nur Kieselsteine darin. Der Händler war enttäuscht. Wütend über den Bergmann, der ihm den Käse verkauft hatte, warf er die Schachteln zur Tür hinaus.
   Draußen spielten die Kinder mit den Schachteln. Die kleine Tochter des Händlers brachte jedoch eine der Schachteln wieder mit ins Haus, aber der Mann wollte nichts mehr davon wissen. „Gib doch mal her", rief die Mutter neugierig und öffnete die Schachtel. Zum großen Erstaunen der Familie waren nun Gold und Edelsteine darin. Als der Mann nun zum Haus hinauslief um die anderen Schachteln zurückzuholen, da waren diese verschwunden.
2. 2) Sage
3. individuelle Lösung

Fabel

Seite 51

1. Eine Schildkröte bat einen Adler, ihr das Fliegen beizubringen. Der <u>Adler</u> versuchte, ihr diesen Wunsch auszureden. Aber je mehr er sich darum bemühte, desto größer wurde der Wunsch der Schildkröte, nun <u>endlich</u> zu fliegen. Schließlich nahm der Adler sie mit in die Luft und ließ sie ungefähr aus Turmhöhe herabfallen. Die Schildkröte zerschmetterte auf der Erde und war <u>tot</u>. So büßte sie für ihren dummen Wunsch. Trachte nicht nach Dingen, die die Natur dir versagt hat. Was die Natur dir nicht gegeben hat, kann <u>niemand</u> dir geben.
   Äsop
2. 1) Fabel
3. individuelle Lösung

Gedicht

Seite 52

1. –
2. 3) Gedicht
3. individuelle Lösung

Sachtext

Seite 53

1. durchstreichen: simsa, Schnuck, tiri, flibie, fleute
2. 3) Sachtext
3. individuelle Lösung

Bericht

Seite 54

1. durchstreichen: Ich habe gestern einen spannenden Film gesehen.
2. 3) ein Bericht
3. individuelle Lösung

Einladung

Seite 55

1. LIEBER JAKOB, DENKST DU NOCH AN MICH? VOR EIN PAAR WOCHEN HABE ICH DIR VON UNSEREM UMZUG IN EIN NEUES HAUS GESCHRIEBEN. ERINNERST DU DICH? INZWISCHEN HABEN WIR UNS ALLE GUT EINGELEBT. MIR GEFÄLLT ES HIER GUT. ICH HABE NETTE FREUNDE UND FREUNDINNEN GEFUNDEN. ABER ICH DENKE SEHR OFT AN EUCH ALLE. DESHALB MÖCHTE ICH DICH ZU EINER EINWEIHUNGS-FEIER EINLADEN. SIE FINDET AM 12. JULI IN UNSEREM GARTEN HIER AUF DER SCHLOSSTRASSE 5 IN FINKHAUSEN STATT. SIE BEGINNT UM 15 UHR UND ENDET UM 18 UHR. BITTE, GIB MIR BALD BESCHEID, OB DU KOMMEN KANNST. ICH WÜRDE MICH SEHR FREUEN. LIEBE GRÜSSE DEINE ELLI
2. 2) Einladung
3. individuelle Lösung

Buchzusammenfassung

Seite 56

1. Schlüsselwörter: tolles Buch, Feuer, Glas, Steine, Holz, Papier
2. Der Titel lautet: Woraus sind die Dinge gemacht?
3. individuelle Lösung

Beobachtung

Seite 57

1./2. Am Samstag durfte er sich mit dem Förster auf den Jägerstand bei einer Lichtung setzen.

3. individuelle Lösung

Brief

Seite 58

1. einkreisen: 2. und 3. Abschnitt
2. individuelle Lösung

Tierbeschreibung

Seite 59

1. Das Thema ist: Der Waldkauz
2. Es handelt sich um eine Tierbeschreibung.
3. individuelle Lösung (am besten als Steckbrief)